Indice

Capitolo primo

Da due giorni a scuola stanno succedendo cose molto strane, forse sarebbe meglio se dicessi pazzesche. Stamattina la mia insegnante di matematica "la mitica super urlatrice" è schizzata dalla cattedra come un siluro e, piazzandosi di buon mattino sotto i miei occhi, pretendeva che ricordassi a menadito tutte le tabelline.

– Non mi sento bene – ho farfugliato. Credo di aver mangiato dei biscotti avariati. (Non le avevo raccontato una bugia. La mattina a colazione ne avevo inzuppati alcuni nel caffellatte e li avevo mandati giù in tutta fretta e quelli, poi, mi sono risaliti su invadendomi la bocca di uno strano sapore dolciastro). Colpa anche sua per avermi messo in subbuglio lo stomaco.

La pelosona mi ha guardato incredula e, scoprendo quei suoi brutti dentacci sconnessi, mi ha dato del bugiardo.

– Biscotti avariati? Di avariato avrai di certo il cervello, caro piccolo Andrea – ha esclamato, trafiggendomi i timpani con la sua voce stridula.

A quella provocazione ho sentito il sangue salirmi al cervello, facendomi ritrovare in un lampo la memoria; così ho sparato a raffica tutte le tabelline, lasciandola con tanto di naso e con l'espressione di una cernia che ha appena abboccato all'amo.

– La prossima volta, cerca di fare meno lo spiritoso – mi ha detto, schiaffandomi la sua terribile cozza pelosa ovvero "neo cespuglioso con selvaggina" sotto gli occhi e, rivolgendosi ai miei compagni, ha aggiunto: – Scommetto che anche a voi le tabelline danno il voltastomaco, vero? – e, accigliandosi, è ritornata alla cattedra.

Allora, il mio compagno di banco, Matteo, mi ha confessato che le tabelline gli facevano venire spesso la diarrea: – Se non vuoi fartela addosso, non ripeterle – gli ho detto; lui mi ha fissato a bocca aperta. Nulla di strano: Matteo soffre di adenoidi e per fargli chiudere la bocca ci vorrebbe semplicemente una molletta da bucato che gliela sigillasse, ma lui preferisce averla ciondoloni.

– A me, invece, le tabelline fanno venire "i nervi nervosi": un trauma profondo provocato dalla spremitura delle meningi – ha precisato Mario, prendendosi la testa tra le mani.

Mentre la cara maestra stava per sedersi alla cattedra, è entrato in classe "Cuic Cuic", cioè il nostro direttore. Lui si chiama in verità Lorenzo Fischietti, ma gli abbiamo affibbiato questo simpatico nomignolo per via delle sue scarpe: quando cammina, producono uno strano rumore, fanno proprio "cuic cuic".

– Signora Pelini, vi aspetto in direzione per una comunicazione della massima importanza – ha detto il direttore e, sollevandosi sulla punta delle scarpe, ci ha salutato regalandoci un mezzo sorriso.

La maestra ha voltato la schiena e si è precipitata in direzione; dopo un po', risalendo le scale a precipizio e boccheggiando come un'orata, è rientrata in classe.

– Nel laboratorio di informatica c'è un simpatico amichetto che vi aspetta con impazienza – ha esclamato la Pelini con quella sua orribile voce.

"Sarà un nuovo compagno di scuola" ho pensato, ma, quando sono entrato nel laboratorio di informatica con i miei compagni di classe, c'era uno strano signore che aveva appena appoggiato sulla cattedra uno scatolone.

– Sarebbe più opportuno sistemarlo nel laboratorio di scienze. – ha detto lo strano tipo – Qui c'è molta luce e potrebbe danneggiarlo.

– Ma nel laboratorio di scienze c'è Carino – ha precisato Luigi.

– E chi è Carino? – ha chiesto il tizio travolto dallo stupore.

– Uno scheletro molto simpatico – gli abbiamo detto, senza dimenticare naturalmente Filippo, il bellissimo tucano impagliato, la smagliante farfalla Fiorella e la tartaruga Uga.

– I vostri amici non avranno di che lamentarsi perché staranno in buona compagnia – e, fissandoci con i suoi occhiacci maligni, ha tirato fuori dallo scatolone un enorme computer che mandava strani bagliori, che hanno inondato ben presto la stanza.

– È vostro – ci ha detto – ma fatene buon uso, altrimenti saranno guai per tutti – e, così dicendo, ha incominciato a guardarci intensamente facendo roteare come due mappamondi i globi oculari, che si sono arrestati di botto non appena hanno incrociato il terrificante neo-cozza della nostra maestra.

Il tizio ha avuto un momento di mancamento, ma si è ripreso non appena ha fissato Carino; poi, facendo un ghigno beffardo, ha consegnato alla Pelini un vassoietto contenente tanti pipistrellini di liquirizia.

– Sono deliziosi e ce n'è uno anche per lei, il più grande naturalmente – ha precisato ed è andato subito via, seminando panico e sgomento.

– Questi li terrò sotto chiave nel mio cassetto – ha esclamato la maestra – Non voglio che vi si addolcisca maggiormente il cervello – ha aggiunto poi, guardando un po' schifata i piccoli pipistrelli.

– Vuol papparseli tutti lei – ha detto Federico, il grassone, che moriva dal desiderio di farli fuori.

Improvvisamente, la maestra si è portata le mani agli occhi. Nessuno di noi è riuscito a capirne il perché; fatto sta che sembrava fortemente turbata.

Appena siamo entrati in classe, è suonata la campanella della ricreazione e così a noi è ritornato improvvisamente il buon umore e alla Pelini il desiderio di strillare. Tutto, insomma, è tornato in poco tempo alla normalità. Come uno sciame di vespe infuriate ci siamo fiondati in cortile.

In un angolo ho scoperto Daniela che singhiozzava agitando una mano perché la raggiungessi.

– Se non ti racconto quel che ho visto poco prima di entrare in classe, potrei perdere completamente la ragione e trascorrere i miei giorni in una clinica psichiatrica.

– Vuoi farmi intendere che se non vuoti subito il sacco potresti impazzire?

– Sì! – mi ha risposto con la faccia del topo quasi morto.

– Quel tipo, poco prima che entrasse in classe, l'ho visto scendere da un'auto nera; indossava un abito rosso, una mantella scura, poi ho intravisto la coda e…

– E che c'entra la coda del suo cane? – ho detto un po' stizzito, pensando che ormai la povera Daniela era pronta a trascorrere il resto dei suoi giorni in manicomio.

– E un paio di cornini sulla testa – ha precisato la mia compagna, balbettando. E, tremando come una foglia di prezzemolo, ha ripreso a singhiozzare.

– Sono certo che fino a stasera ti scoppieranno gli orecchioni, ho provato anch'io gli stessi sintomi. Cioè sragionavo a bomba. Vedrai che fra qualche giorno starai già meglio.

E Daniela: – I cornini e la coda – ripeteva in un sussurro, balbettando.

E io: – Ma che cornini e coda d'Egitto! Magari due cornetti alla marmellata e una bella coda di rospo alla crema ci metterebbero subito in sesto – e, così dicendo, le ho asciugato gli occhi annacquati e le ho tappato la bocca con un lecca-lecca alla frutta per evitare che continuasse a raccontare stupidaggini.

Finalmente, ho raggiunto i miei amici. Ma, mentre

stavamo giocando a palla prigioniera, è successa una cosa tremenda.

Rocco ha tirato fortissimo per cercare di liberare Mirco, ma la palla è piombata dritta su Pasquale, che aveva appena finito di scartare la sua terza merendina.

Il mio amico è piombato a terra come un salame e, diventando paonazzo, si è messo ad urlare come una furia, per cui è arrivata a razzo la maestra Pelini per vedere che cosa stavamo combinando e, strillando anch'essa a perdifiato, ha messo senza accorgersene il piede sulla merenda e così, scivolando sulla marmellata, si è ritrovata per terra con le gambe all'aria.

Che spettacolo!

– Stramicidiale! – ha urlato il mio compagno Sandrino e, facendosi venire un doppio attacco di allegria, è schizzato un metro da terra. Comunque, non è stato l'unico. Quasi tutti abbiamo rischiato di morire dal ridere. A Nicolino sono stato costretto a tappargli la bocca con il mio panino per evitare che incominciasse a ragliare. (Nicolino quando ride sembra un asino; a parte il raglio, ha pure le orecchie lunghe ed è per sua sfortuna anche un gran ciucone).

La strillona agitava le gambe e le braccia nel tentativo di rialzarsi. Siamo accorsi tutti per tirarla su. Il direttore e il bidello alla fine sono riusciti a rimetterla in piedi.

Il povero direttore ha guardato la Pelini e ha tentato di aprir bocca per consolarla ma, appena ha incrociato la sua faccia e il micidiale neo peloso sulla guancia, ad un centimetro dalla punta del suo naso tanto da solleticarglielo, ha strabuzzato gli occhi e, tirando un profondo sospiro, se n'è andato sbiancando.

La maestra aveva l'aria stravolta e, zoppicando, si è avviata verso la nostra aula, dove ad attenderci c'erano due tipi in camice bianco.

"Ci mancavano anche questi. Scommetto che sono i dottori dei pazzi venuti a prendere la povera Daniela per rinchiuderla nel manicomio" – ho pensato, guardando la mia compagna che aveva ricominciato a piangere.

Tra questi ce n'era uno davvero spaventoso: aveva due grandi occhi venati di sangue ed un paio di orecchie così lunghe che, se le avesse viste l'asino di zio Pasquale, sarebbe crepato d'invidia.

L'altro era innocuo e aveva l'espressione di un piccolo bruco indifeso.

Capitolo secondo

La maestra, con i capelli scompigliati e con il suo neo più che mai cespuglioso, ha sbattuto il righello sulla cattedra e ha detto di stare tranquilli, di non fare troppe storie e di aprire la bocca: – I dottori vi controlleranno i denti, così eviterete di rimanere sdentati precocemente.

E, mentre questi ci facevano aprire la bocca fino a farci slogare le mascelle, la maestra ha tirato dal cassetto della cattedra il vassoio colmo di pipistrellini alla liquirizia: – I più coraggiosi ne avranno due – ha esclamato mostrandoceli.

Federico, allora, si è fatto controllare subito i denti, e noi dopo di lui.

– I pipistrellini li gusterete solo quando riuscirete a risolvere al computer i giochi matematici – ha esclamato più tardi la maestra, rimettendoli sotto chiave nel cassetto della cattedra.

Poi, guardandoci in cagnesco, ci ha obbligato ad eseguire le odiose divisioni.

– Datevi una mossa, lumaconi, altrimenti vi metto a posto io; e tu, Andrea, (riferendosi al sottoscritto) cerca di non distrarti – ha strillato, camminando tra i banchi come un gendarme.

– È una bugiarda incallita – ha esclamato Federico, mordicchiandosi le unghie.

– Vuoi dire che è una bugiarda con i calli? – ha chiesto Paolo frastornato.

– Dicono che i bugiardi hanno le gambe corte e il naso lungo. La cara maestra, alquanto insospettabile, ha, invece, le gambe normali e un misero naso che può contenere al massimo una sola e minuscola caccola rinsecchita. Vatti a fidare delle apparenze – ho puntualizzato.

– Chi dice le bugie prima o poi farà i conti con il diavoletto – ha detto Daniela.

La mia compagna ha appena finito di nominare la parola “diavoletto “che è ricomparso lo strano tizio della mattina con un altro vassoio in mano.

– Scommetto che volete fare il bis.

Forse i pipistrellini di liquirizia vi sono rimasti sullo stomaco, così ho pensato di farvi gustare i famosi tizzoni ardenti ripieni di amarena fiammante.

Il tizzone più grande è, naturalmente, per la vostra insegnante – ha precisato, porgendo il vassoietto alla maestra che, in quel preciso istante, stava rientrando in classe.

– Siete venuto a riprendervi il computer!?! – ha esclamato la Pelini, guardandolo con sospetto.

– No di certo. – ha risposto il tizio – Al prossimo incontro, miei cari! – e, ridendo sguaiatamente, è andato via agitando il mantello.

Daniela ha scosso dapprima la testa e poi ha incominciato a tremare. La poverina aveva ragione.

Quello strano tipo aveva davvero la coda e sicuramente anche i cornini, ma erano nascosti dai suoi folti capelli neri, perciò non ero riuscito a vederli.

– È stata una bella trovata pubblicitaria l'idea di travestirsi da diavoletto – ci ha detto la Pelini e, mentre metteva sotto chiave anche il secondo vassoietto, le è preso un attacco di risa isteriche.

– Forse venderebbe l'anima al diavolo per papparsi tutto lei – ha detto con gli occhi infiammati di rabbia Federico, mentre masticava a vuoto.

– A chi venderebbe l'anima? – ho chiesto con un filo di voce.

E Federico: – Al diavolo! Al diavolo!

– Eccomi qua – ha detto lo strano tipo, ricomparendo per la terza volta. Il tizio sembrava, a dire il vero, un po' scocciato. Si vedeva che stava sulle spine e che non vedeva l'ora di andare via.

– Ancora voi!?! Sinceramente, con quel buffo travestimento siete alquanto affascinante – ha detto la Pelini e, facendosi venire strane idee, gli ha fatto gli occhi languidi, simili a quelli di un sarago appena cotto. Lo strano tizio ha ricambiato quelle attenzioni, sgranandole in faccia due occhi rotondi come uova al tegamino, ed è subito scomparso salutandoci, agitando la coda e sbuffando.

Per un attimo siamo rimasti tutti soprappensiero. Poi, finalmente è suonata la campanella e siamo usciti da scuola.

Per strada il rumore delle auto copriva il suono delle nostre parole.

– Quel tipo che ha portato il computer è molto strano, forse un po' bizzarro – ha detto Paolo.

– Hai visto anche tu la coda che gli è sbucata dal mantello? – ho chiesto.

– La coda!?! – ha ripetuto il mio compagno.

– La coda! La coda e i cornini! – ho puntualizzato.

E Paolo, con l'espressione del pesce appena pescato, ha sillabato: – I cor-ni-ni?

Ed io ormai arcistufo ho ripetuto come un pappagallo: – I cornini! I cornini! Li hai visti anche tu?

Intanto, le auto continuavano a sfrecciare strombazzando alla grande; Paolo parlava, parlava ma a vuoto, coglievo di tanto in tanto solo il senso di qualche parola.

Il traffico aumentava: clacson, sirene, fischi e tanto frastuono. E Paolo mi guardava, sperando che gli rispondessi.

– Non ho capito un tubo – dicevo, ma lui continuava a parlare.

Quando abbiamo imboccato una stradina tranquilla, mi è sembrato molto turbato.

– Ti sei inventato tutto per mettermi paura – ha detto il mio compagno.

– Ti garantisco che i cornini e la coda li ha visti anche Daniela.

Paolo, allora, è rimasto con la bocca ciondoloni e, a voce bassissima, ha detto cose insensate.

– Ma non farmi ridere, tu e quella grande sognatrice formate una gran bella coppia di super idioti – ha concluso.

Non l'avesse mai detto. Appena ha girato lo sguardo, è rimasto col respiro mozzato: aveva adocchiato il tizio che poco prima era entrato in classe.

Ho visto il mio amico sbiancare e strabuzzare gli occhi; io, invece, ho trattenuto il respiro, aspettando che mi si sciogliesse il nodo che avevo in gola.

Paolo aveva visto tra i capelli i cornini ed io la coda.

– Quel tizio avrà strani grilli per la testa – ho detto al mio amico, parlando a bassa voce e, dopo un po', il fiato mi si è smorzato in gola: c'era qualcuno alle mie spalle, sentivo il suo respiro corto e affaticato.

Nonostante avessi i muscoli tesi per la paura sono riuscito con la coda dell'occhio a sbirciarlo: dietro di me, c'era un altro ancora più strano: aveva le orecchie a punta sfrangiate di peluria e le labbra umide.

E anche lui aveva un paio di cornini ben visibili tra i capelli.

– E la coda? – mi sono chiesto.

Quella l'aveva sbirciata il mio compagno. L'ho visto sbiancare per la seconda volta e tentennare, tanto gli tremavano le gambe per lo spavento.

– Di questo passo finiremo anche noi come Daniela in un manicomio – mi ha detto.

– E la colpa, sono certo, è della maestra Pelini che ci inzuppa il cervello di tabelline e divisioni.

Dopo questa bella scoperta, ci siamo salutati promettendoci di non esagerare con la matematica.

L'indomani, Aldo è arrivato a scuola con i capelli sparati in testa e un paio d'occhiali.

– Perché ti sei messo gli occhiali? – gli ho chiesto.

– Perché ci vedo poco, spesso non ci vedo proprio – ha risposto.

– Certo – gli ho detto – se continui a dormire per tutta la mattina è ovvio che non ci vedi affatto. A ricreazione, però, ci vedi, vero?

– Solo a ricreazione – mi ha confessato Aldo, sistemandosi meglio gli occhiali sul naso.

– È ovvio, perché a ricreazione finalmente ti svegli – ho detto sfilandoglieli.

E così mi sono messo gli occhiali di Aldo e lui si è messo a ridere: – Mi vedi bene? – mi ha chiesto.

– Ti vedo nano.

– E poi?

– Ancor più nano e ancor più scemo. E tu ci vedi bene? – gli ho chiesto.

E lui: – Un po' sì e un po' no! Però il dottore mi ha detto che, mettendo gli occhiali, riuscirò a leggere più velocemente senza mai più balbettare.

– Allora ho il diritto anch'io di chiedere a mio padre un paio di occhiali, visto che leggo ancora sillabando – ha detto Davide.

– Tutti abbiamo il diritto di chiedere ai nostri papà un paio di occhiali perché sono sicuro che oltre a leggere bene riusciremmo a scrivere senza neppure un errore – ho precisato.

– Io ne comprerò due paia – ha strillato Alfredo, che di errori ne fa a valanga – è sempre meglio averne un paio di scorta.

– Io tre – è intervenuto Mario.

– Non vale! Tre sono troppi – ha esclamato Alfredo – e, poi, sono stato io per primo a dire che ne volevo uno in più di riserva. Tu sei il solito copione – e gli ha mollato un schiaffo colossale.

Mario, allora, si è avventato su Alfredo e gli ha pestato il naso, gli ha tirato anche i riccioli ed ha scalciato alla grande come un fiero mulo.

In classe è scoppiato il finimondo. Allora sono accorsi subito i bidelli che li hanno separati.

– Perché vi siete picchiati? – hanno sbraitato – Che c'è da piangere in quel modo? Avanti, rispondete!

– Vogliono tutti mettersi gli occhiali come ha fatto Aldo per essere i primi della classe – ha risposto Alfredo – Io voglio metterne due per essere sicuro di non sbagliare e Mario vuole superarmi mettendosene tre sul naso, così diventa lui il primo della classe in assoluto e il super cocco delle maestre – e, continuando a singhiozzare, è tornato al suo posto.

Mentre cercavano di consolare Alfredo e di calmare Mario, è entrata in classe una bellissima signorina: – Ho avuto l'incarico dal vostro direttore di supplire per alcuni giorni la vostra maestra di matematica.

– È di nuovo caduta? – abbiamo chiesto.

– No, è a letto con la febbre – ha risposto con un sorriso.

In quel momento ho immaginato la scena: la Pelini, rossa come un'aragosta bollita per via del febbrone, che scalciava sotto le lenzuola, il neo in fiamme e un codazzo di pompieri pronti a sedare l'incendio per evitare che prendesse fuoco la sua casa.

Durante la ricreazione Aldo, che ha buon cuore, ha fatto provare gli occhiali a tutti. Quando è arrivato il turno di Alfredo, glieli ha fatti tenere sul naso un minuto in più: – Ti senti più bravo? – gli ha chiesto.

– Mi sento peggio di prima – ha detto – vedo tutto storto.

Poi Aldo ha passato gli occhiali a Mario:

– Mamma mia, vedo tutto grande, grande e mi gira forte la testa – ha esclamato barcollando.

Allora se li è tolti subito per paura di schiantarsi per terra e rimanerci secco.

– Con tre paia di occhiali potrebbe venirti un triplo giramento di testa più che mortale e così stramazzeresti all'istante – gli ho detto, riconsegnando gli occhiali ad Aldo, che finalmente se li è piazzati sul naso, mentre Mario, uscendo fuori dalla classe, ha rischiato di schiantarsi contro la porta tanto era spaventato.

– Gli occhiali non li porterò mai – mi son detto – a meno che non adoperi le lenti a contatto, che avranno sicuramente qualcosa di speciale, come quelle del mio pediatra.

È un tipo che fa paura perché ha una faccia bianca e un tic terribile che non ho mai visto a nessun altro.

Ogni trenta secondi si scuote tutto dal busto in su come se avesse un singhiozzo incorporato, le guance gli tremano come un budino. Ma, quando legge le medicine che ha prescritto, non inciampa mai; un giorno di questi mi farò prestare le sue lenti a contatto, sicuramente mi farà la cortesia perché è generoso e simpatico e ha sempre la battuta pronta.

– Se le tonsille si infiammano di nuovo che faccio? – gli ho chiesto l'ultima volta che è venuto a visitarmi.

– Te le stacchi e le metti sul comodino finché guariscono.

– E se poi marciscono?

– Allora le butti nella spazzatura e ti metti il cuore in pace – mi ha risposto, sganasciandosi dal ridere.

Capitolo terzo

L'indomani, dopo l'intervallo, mentre stavamo ripetendo la geografia, è entrato in classe "Cuic Cuic", il nostro direttore dalle scarpe canterine.

"Poveri noi, catastrofe in vista!" mi sono detto, guardando il suo aspetto sorridente. (Quando il nostro direttore è di buon umore, sappiamo che, aprendo la bocca, sparerà a raffica una sfilza di cose assurde; se invece ha l'espressione del carciofo lesso ed è più triste di una giornata di pioggia, allora siamo certi che dirà cose sensate).

– “Cuic Cuic” è allegro – mi ha sussurrato Paolo, assestandomi una gomitata intercostale – ora sparerà una delle sue.

– Per la recita di fine anno voi di quinta metterete in scena la fiaba di Cenerentola: sarà un lavoro impegnativo, ma anche molto divertente – ha detto, mettendosi a ridere: e rideva, rideva, ma solo lui perché noi maschi avevamo una rabbia cosmica.

La notizia dello spettacolo di fine anno mi ha fatto ribollire il sangue di brutto; il fatto è che in classe siamo quasi tutti maschi, eccetto sei ragazzine.

Spesso è capitato che uno di noi è stato costretto a vestirsi da femmina. Ricordo che l’anno scorso in classe era scoppiata una tragedia, perché nessuno voleva indossare la parrucca bionda e gli abiti da damina.

Alcune compagne si erano ammalate di morbillo e così la maestra rimediò costringendo il povero Aldo ad indossare un buffo e ridicolo vestito.

– Sei carino travestito da damina dell’Ottocento, farai un bel figurone – così, per consolarlo, gli mise un bel voto.

Mi auguro che quest’anno nessuna delle femmine si prenda un malanno, altrimenti per noi maschi saranno guai molto seri. In verità, ognuno è angosciato da un brutto presentimento, perchè allo spettacolo di fine anno succede sempre qualche imprevisto.

Le mie compagne non stanno più nella pelle: Adelaide, la secchiona, è convinta che farà la parte di Cenerentola; io mi preoccupo per chi farà la parte del principe, che dovrà sicuramente baciarla e prendersi il visus letale della terribile "secchionaggine". Il virus deteriora piano piano il cervello dei bambini obbligandoli a studiare.

Ludovico, per essersi preso una cottarella per Adelaide, ha rischiato di ritrovarsi con il cervello completamente sciolto. Vi garantisco che lo studio esagerato uccide tutte le cellule del cervello e quelle del mio compagno erano morte ormai da un pezzo per essersi attardato fino a notte fonda sui libri, perciò ha dovuto staccare subito con Adelaide.

I secchioni hanno un aspetto particolare: quasi tutti hanno gli occhi cerchiati e portano gli occhiali spessi come fondi di bottiglia, sono miopi e sono pallidi. Adelaide, invece, è bianca come la cera, perciò l'abbiamo nominata "Candelina studiosa" ed è l'unica a sapere sempre tutto.

Le altre mie compagne non sono pallide e neppure studiose; sono pettegole: parlano, parlano fino a consumarsi il cervello e, quando raggiungono il culmine delle stupidaggini, rincretiniscono all'istante tranne Daniela, che è la più assennata e mi piace un mondo.

La mia compagna ha gli occhi verdi e neppure un dente storto, ma la frangetta purtroppo sì, per colpa della sorella che ha la mania di sforbiciare chiunque le capiti fra le mani, cane compreso (pare che il suo sogno sia quello di diventare da grande una brava parrucchiera, perciò si tiene in costante allenamento).

Dopo la notizia della recita in classe, è scoppiato il

putiferio tra le femmine. Avreste dovuto vedere le loro facce: ognuna aspirava al ruolo di Cenerentola e, quando una di queste mi ha rivolto la parola per chiedermi se desiderassi interpretare la parte del principe, io l'ho lasciata di stucco dicendo che avrei preferito quella di un diavoletto.

– Io pure – ha detto Daniela.

– Anch'io – ha detto Paolo.

Paolo e Daniela dapprima hanno sorriso poi si sono scoloriti fino a diventare più bianchi della ricotta.

Io ho sbattuto le palpebre più volte come per schiarirmi la vista: l'aula era completamente deserta e i nostri amici erano improvvisamente scomparsi.

Indietreggiando, ho lanciato un urlo carico di sorpresa; il cuore mi martellava nel petto e credo che anche quello di Daniela e Paolo battesse all'impazzata.

Davanti ai nostri occhi c'erano due strani tipi, gli stessi che io e Paolo avevamo adocchiato il giorno

prima: avevano la coda e i cornini tra i capelli.

Dopo qualche minuto si sono allontanati di corsa con la coda che tamburellava sul pavimento.

Daniela e Paolo avevano un'espressione confusa.

– Li hai visti? – mi hanno chiesto balbettando.

– Sì e forse siamo nei guai. – ho sibilato, fissando ancora incredulo i miei amici – Quei due tipi non mi piacciono affatto – ho aggiunto.

– Hanno uno sguardo che incute paura – ha detto il mio amico Paolo.

– E un sorriso così agghiacciante da far accapponare la pelle – ha concluso Daniela.

Ancora turbati, ci siamo fiondati a bomba in cortile dove abbiamo ritrovato i nostri amici che discutevano.

– Oggi nomineremo un capo, – stava dicendo Cosimo – l'idea di trascorrere un intero anno scolastico con la Pelini mi manda completamente in tilt.

– Ma la maestra è un osso troppo duro per noi. – sono intervenuto nonostante continuassi a pensare agli strani tipi che mi avevano incredibilmente spaventato.

– Anche un tipo come la Pelini avrà i suoi punti deboli. Dobbiamo semplicemente scoprirli e agire di conseguenza. Lo sgabuzzino delle scope vecchie sarà il nostro Rifugio Segreto – ha continuato Cosimo, puntando l'indice verso un piccolo locale situato in un angolo del cortile, dove i bidelli custodiscono i secchi, le scope e gli stracci.

– Micidiale! – hanno esclamato tutti, complimentandosi con il nostro compagno che ha ingoiato saliva a quintali tanto era emozionato.

– Sarà proclamato capo della quinta G chi riuscirà a fare la pipì più lunga – ha detto Paolo, esplodendo come dinamite.

Dopo un po' ci siamo allontanati dalle femmine e sistemati dietro un muretto.

Ci siamo divisi in due gruppi: il primo, quello dei piscioni, era formato da ragazzini più alti e più grassi; il secondo, invece, da quelli di media altezza e grossezza. Io facevo parte del secondo gruppo.

Pasquino, purtroppo, è stato escluso perchè è piccolo e rinsecchito e, considerando la dimensione della sua vescica, avrebbe sicuramente fatto una figuraccia, una di quelle che segnano per sempre il destino di una persona.

Ma il piccoletto non si è dato per vinto.

– E io quando la faccio? – mi ha chiesto.

– Ma la tua è misurabile solo col contagocce – gli ho detto con molta franchezza.

A Pasquino gli scappava da morire così l'ha fatta per primo. Tutti siamo rimasti sconcertati: abbiamo assistito a un formidabile getto lungo quasi un metro.

– Altro che contagocce! – ha esclamato soddisfatto il piccoletto, guardando con ammirazione la sua pipì.

Dopodiché tutti noi ci siamo dati un gran da fare.

– Quella di Andrea è stata la più lunga ed ha superato persino il traguardo (una linea che Pasquino aveva tracciato poco prima col gessetto) – ha esclamato il mio compagno Paolo.

Allora mi sono sentito pervadere da uno strano formicolio e, diventando sempre più rosso, mi sono complimentato con me stesso mandando messaggi di ammirazione alla mia super vescica.

Qualcuno è diventato verde dall'invidia, l'idea che sia io il capo gli è andata di traverso; così, appena siamo usciti da scuola, Ninuccio mi è venuto incontro e mi ha fatto lo sgambetto; per fortuna, non sono caduto.

Non contento, è ritornato alla carica più inferocito che mai: – La mia pipì era lunga quanto la tua e non sembrava acqua di rubinetto – mi ha detto, mollandomi un ceffone.

Così mi sono saltati i cinque minuti e gli ho ricambiato la cortesia, mollandogliene uno super micidiale: la guancia di Ninuccio è diventata scarlatta; poi, abbiamo incominciato a suonarcele.

– Bum! – ha fatto Ninuccio.

“Bum!” lo fai a tua sorella – ho esclamato.

– Mia sorella è appena partita – ha strillato il grande provocatore, assestandomi un pugno sul naso.

– Quanto sei odioso! – mi ha urlato.

– E tu sei tutto matto! – ho gridato.

– E tu, allora, che continui a menarmi, sei più matto di me – ha strillato Ninuccio. Così, mi sono dato una calmata e sono corso a casa.

Capitolo quarto

Appena sono entrato in casa, la mamma, che riesce a leggere ogni mio pensiero, mi ha chiesto: – Hai preso un buon voto?

– Molto di più!

– Due buoni voti?

– Molto, molto di più! – le ho risposto.

E lei, poverina, credendo che fossi diventato improvvisamente geniale, ha fatto le labbra a cuoricino e mi ha impresso un bacio su ogni guancia:

– Sono proprio contenta. Ho un figlio davvero in gamba – e giù un altro bacio sulla fronte.

Avevo tre simpatici cuoricini rossi sul viso grazie alla mia super potente pipì.

Anche la mamma aveva un'espressione allegra:

– Zia Clara finalmente si sposa.

– Col sedano?

– Col dottor Stefanini – ha puntualizzato.

– Allora, si sposa col sedano – ho ripetuto, pensando all'aspetto del mio futuro zio.

– Non chiamarlo più così. – ha esclamato la mamma – Il signor Stefanini è una persona a modo, premurosa, gentile e poi è un bravo oculista.

– Con un sacco di soldi e un'auto da capogiro,

vero? – ho chiesto alla mamma.

– Anche!

– Scommetto che possiede una barca e l'aereo personale – ho detto, chiudendomi nella mia stanzetta.

– Magari! – mi ha risposto la mamma, trafficando in cucina.

Zia Clara era riuscita finalmente a conquistare il cuore del dottor Stefanini sicuramente grazie al suo aspetto da sirena: occhi grandi, capelli lunghi e biondi e due sporgenze da capogiro. Sinceramente non voglio che mia zia sposi quell'ortaggio umano: alto, secco, allampanato e antipatico. Ha un paio di baffetti da sorcio morto annegato e un ciuffetto di capelli sparati nel bel mezzo della pelata: un piccolo cespo di insalata, che lo rende mostruosamente ridicolo.

E poi, guarda caso, ha la vista molto debole, ma, nonostante sia un dottore degli occhi, per non peggiorare il suo aspetto non mette mai gli occhiali, ma pretende che tutti i suoi clienti se li piazzino sul naso.

– Andrea, perché sei così nervoso? – mi ha chiesto la mamma.

– Perché ho un diavolo per capello – le ho risposto.

Dopo un istante è squillato il campanello e sono andato ad aprire la porta. Erano ancora loro: gli ormai famosi due tizi mortalmente pallidi e con un lampo ipnotico negli occhi.

I cornini mandavano strani bagliori, mentre la loro coda batteva sul pavimento.

La testa, allora, ha incominciato a girarmi e stentavo a reggermi sulle gambe.

– Non dire una sola parola ai tuoi o sei fritto per sempre – mi hanno detto, folgorandomi con lo sguardo.

Nel mio cervello vorticavano tanti pensieri diversi e, nonostante fossi terrorizzato, ho sentito dentro di me una voce che mi incitava a parlare.

– Siete due buffoni o due spiriti maligni che si divertono a fare scherzi cretini?

I due allora sono rimasti a bocca aperta e, poi, accigliandosi, mi hanno detto che mi avrebbero annodato la lingua per averli offesi.

– È impossibile, la mia è più piccola di quella di un neonato, perciò trovate qualcosa di più divertente, potreste annodarmi il naso così eviterei di soffiarmelo – ho detto e, mentre la voce si spegneva nella gola, gli ho chiuso la porta in faccia.

Ero confuso e terrorizzato: – Mamma, ho appena mandato al diavolo due diavoli – ho detto con voce tremante.

– Non fare lo spiritoso e apparecchia la tavola – ha esclamato e, mentre ritornava in cucina a trafficare tra i fornelli, ho sentito suonare nuovamente alla porta. La mamma si è precipitata ad aprire: – Andrea, ci sono due simpatici e buffi signori travestiti da diavoletti. Scommetto che siete della nostra parrocchia e che state raccogliendo le offerte per i poveri che non hanno un tetto dove trascorrere la notte – ha chiesto loro.

I due, piuttosto arrabbiati, hanno scosso la testa. E la mamma, dopo aver abbozzato un sorriso, e non avendo ricevuto alcuna risposta, ha salutato e chiuso garbatamente la porta.

– Strani tipi quei due – mi ha detto.

– Già, sono spiriti maligni pronti a far del male a chiunque – ho sillabato a denti stretti.

– Andrea, non parlare a vanvera e cerca di darti una calmata, altrimenti farai la fine di tuo nonno che vedeva fantasmi dappertutto.

Nel pomeriggio, la mamma mi ha portato nello studio del dottor Stefanini perché mi visitasse; nella sala d'attesa c'era un signore che aveva un sacco di occhiali: quelli per guidare, per guardare la tivù, per leggere e per proteggersi dal sole.

– Scommetto che vi mancano gli occhiali per guardare dal buco della serratura?

– Esistono anche quelli?

– Potreste richiederli e farvi prescrivere la gradazione giusta per guardare bene dal forellino! – ho esclamato. – E poi, esistono gli occhiali per andare a pesca che hanno la forma di pesce e sono rivestiti di squame; quelli per andare a caccia che hanno la forma del fucile con due colpi incorporati nelle stanghette e quelli, infine, per scrutare di notte il cielo, a forma di stella.

– Me li farò prescrivere tutti dal dottore, anche quelli a forma di stella, visto che soffro di insonnia, così potrò almeno ammirare il firmamento – ha esclamato quel signore, strizzando nervosamente i suoi occhietti azzurrognoli.

Quando il dottor Stefanini mi ha visto, ha esordito dicendo: – È lui la piccola talpa? – e ha abbozzato un sorriso, mostrando i suoi incisivi da coniglio.

Io, allora, ho fatto cenno di no con la testa: – È la mamma che ha bisogno di una visita agli occhi perché, quando si arrabbia con il papà, li strizza sempre e a volte mandano scintille. Sembra come se negli occhi avesse i fili elettrici di una stufa accesa.

La povera mamma è diventata improvvisamente bianca come una colomba.

Il sedano ha visitato la mamma e, mentre le scrutava le pupille, ha pronunciato un sacco di strane parole e la mamma si è impressionata molto.

– Ho un buon cristallino? – ha chiesto confusa.

E lui ha risposto, dicendo semplicemente “urca”.

Allora ho capito che la mamma aveva nell’occhio un cristallino di puro cristallo e così ho scoperto il perché dei suoi occhi sempre tanto splendenti.

– Ora vediamo gli occhietti di questo simpatico ranocchietto – ha detto guardando attentamente i miei con uno strano apparecchietto. Subito dopo mi ha fatto il terzo grado: – Che lettera è quella? E quell’altra e quell’altra ancora? Hai le orecchie otturate? Su, sbrigati, rispondi! – E, poi, mi ha guardato di nuovo gli occhi con una specie di torcia molto piccola. Chissà cosa sperava di trovarci, ma è rimasto come un allocco perché non ci ha trovato un bel niente ed anche perché non ha potuto prescrivermi nessun paio di occhiali.

Quando siamo arrivati a casa è squillato il telefono; ho sentito parlare concitatamente la mamma tanto era allegra.

– Qualcosa di grosso bolle in pentola – mi sono detto. In effetti avevo indovinato: quella sera sarebbero venuti a cena i futuri sposi.

– Da stasera chiamalo zio – ha esclamato la mamma.

Per il papà è stata una doppia sorpresa trovare zia Clara e il fidanzato a cena da noi, e siamo rimasti folgorati quando mia zia ha annunciato le nozze: – Ci sposeremo l'ultimo giorno del prossimo mese – e ha accarezzato amorevolmente l'insignificante ortaggio, scompigliandogli con la mano il ridicolo ciuffetto di capelli.

La mamma ha sorriso, il papà anche; io, invece, sono rimasto molto serio.

– Non sei contento, Andrea? La tua cara zietta si sposa, non vuoi dare un bacio di buon augurio a me e allo zio Saverio?

Zia Clara e la costola di sedano hanno sorriso; io, allora, sono corso a baciare mia zia, poi mi sono avvicinato al futuro zio-ortaggio: – Voglio darti un bacio a pizzicotti – gli ho detto. E, così, gli ho pizzicato le guance e gli ho mandato per via area un sonoro bacetto.

Il sedano ha incominciato a ridere con brevi arresti e riprese, e poi ha abbracciato mia zia fino a toglierle il respiro.

– È un ragazzino simpaticissimo – ha detto in un sussurro, ma poi si è ricreduto quando, subito dopo, ha scoperto sotto gli occhi due pomelli rossi; il mio bacio a pizzicotti gli aveva lasciato due segni molto evidenti e forse anche un po' dolorosi.

A guardarlo bene era davvero buffo.

Anche la mamma e il babbo hanno guardato zio sedano e con molta diplomazia sono riusciti a non ridergli in faccia, ma hanno prodotto piccoli grugniti.

Poi, hanno ripreso a parlare, hanno detto tante sciocchezze e tra queste hanno tirato in ballo il matrimonio.

Allora, ho immaginato mia zia Clara con un vestito di veli bianchi, bella e splendente come un raggio di sole a braccetto con zio sedano, vestito di nero come un becchino, e mi sono sentito stringere il cuore dal dispiacere.

Capitolo quinto

La mattina dopo, a scuola, mi sono sentito uno straccio e, appena ho intravisto la maestra Pelini, ho avuto un crollo totale.

Molti dei miei compagni hanno avvertito improvvisi malesseri: alcuni sono diventati bianchi, altri invece hanno avuto terribili strizzoni addominali.

– Che cosa succede in questa classe di rammolliti? Perché non vi sedete, brutti mocciosi? – ha urlato la maestra Pelini, facendo vibrare i peli del suo orribile neo che, dopo il febbrone, forse a causa degli antibiotici, si era ingigantito notevolmente.

Come sorta dal nulla, è apparsa in un cappotto di pelliccia scuro e, gracchiando come un corvaccio, si è seduta in cattedra. Dopo un po' si è tolto il cappello di lana che le copriva per metà il viso e, ravviandosi alla meglio i capelli, ci ha guardato negli occhi.

– Brutti fannulloni, d'ora in poi lavorerete sodo e gli scansafatiche faranno una brutta fine, parola mia! – ha esclamato; poi, aprendo la borsetta, ha tirato fuori uno spray, dal quale una nuvoletta balsamica ha invaso tutta la sua bocca.

– È un medicinale? – ha chiesto il suo cocco.

– Potentissimo! Per curare le tonsille infiammate –

ha risposto la maestra Pelini, rificcandoselo in bocca col rischio di ingoiarselo.

– Spero che si strozzi – ha mormorato il mio compagno di banco Paolo – contorcendosi nel banco come un'anguilla.

Anch'io dopo un po' ho incominciato a contorcermi.

– Devo correre ai sevizi – ho detto reggendomi la pancia e la maestra, per tutta risposta, ha detto che potevo rimanerci per sempre.

Il febbrone l'aveva resa ancora più acida; era necessario ormai studiare un piano perché la smettesse di torturaci in quel modo.

Quando è arrivata la maestra Lisetti, è tornato d'improvviso il buon umore.

Nel frattempo, i miei compagni fremevano perché mettessimo in atto un piano per annientare la Pelini.

– Le faremo venire un doppio trauma – ha esclamato Davide, pensando che l'indomani sarebbe ritornata alla carica per amareggiarci con le sue assurde pretese: le tabelline e le divisioni erano ormai diventate la sua e la nostra ossessione.

A Davide è andata di traverso la saliva tanto era agitato, e per poco non gli sono venute le convulsioni.

Quando è interrogato alla lavagna, il mio compagno dapprima incomincia a tremare e, poi, pesta i piedi sul pavimento come se stesse pigiando l'uva in un tino, di questo passo gli rimarrà lo strano sintomo per tutta la vita.

– Domani, potrei portare i miei criceti e sistemarli durante l'intervallo nella cartella della maestra Pelini. Così, quando l'aprirà, si prenderà uno spavento con i fiocchi – ha esordito Massimo.

– È un'idea geniale! – hanno esclamato tutti e, guardandomi, hanno aspettato che anch'io approvassi visto che ero il loro capo.

– L'idea è buona, però prima dobbiamo memorizzare e recitare a voce bassa alcuni versi per augurarci il buon esito dell'impresa. Detto fatto, li ho scritti di getto e, in meno di un secondo, ho impostato un testo poetico che ha lasciato tutti senza parole.

Per la cacca dei canarini
sconfiggeremo la Pelini.
Si prenderà uno spavento
le tremerà persino il mento
il suo cervello si scioglierà
e finalmente non urlerà.
Abbasso le numerazioni
le tabelline e le divisioni
abbasso anche palpitazioni
che ci producono gli strizzoni.

– È una bomba! E non fa una piega! – hanno esclamato tutti, ripetendo sottovoce e sorridendo divertiti.

– Perché possa funzionare è bene che ognuno la ripeta sotto voce come se fosse una preghiera – ho suggerito ai miei compagni, che continuavano a guardarmi con ammirazione.

E, così, abbiamo snocciolato sotto voce quei versi e, appena abbiamo finito di recitarli, siamo scoppiati in una risata che ci ha messo di buon umore.

L'indomani, il mio compagno ha portato a scuola in una gabbietta i due criceti: – Stanno nello zainetto verde – mi ha detto.

Durante l'intervallo, Massimo ha messo i criceti nella borsa della maestra e mi ha raggiunto in cortile.

Durante l'ora di scienze, la maestra ha spiegato fino allo sfinimento; ha interrogato Aldo e il povero Paolo e, poi, puntualmente, ha aperto la sua cartella, ma è successo un fatto molto strano che ci ha lasciati tutti di sasso.

– E voi, brutti mascalzoncelli, che cosa ci fate nella mia cartella? – ha strillato, afferrando per la coda i due poveri criceti che, impressionati dalle sue urla, sono diventati improvvisamente rigidi: sembravano di pietra.

I piccoletti sono rimasti con la boccuccia spalancata, il pelo irto e la piccola coda a punto esclamativo.

Completamente ipnotizzati, i piccoli sembravano statuine di gesso.

– Buttateli subito nella spazzatura – ha esclamato la Pelini. Allora Massimo è corso a riprenderseli: – Li posso tenere come souvenir o come ferma carte – ha detto, accarezzando i poveri criceti che continuavano a non dare segni di vita.

– Puoi persino farli in brodo – ha risposto acida la Pelini, agitando per aria il righello.

– Sono morti? – ho chiesto a Massimo, che aveva gli occhi gonfi di lacrime tanto era addolorato per la sorte dei suoi criceti.

– Non lo so!

– Respirano?

– A fatica.

– Il cuore batte ancora?

– Lievemente – mi ha risposto Massimo, asciugandosi le lacrime col dorso della mano.

– Quanto hanno di pressione?

– Forse trenta.

– Cerca d'essere più preciso!

– In che modo?

– Stringendo forte il loro codino: se diventa tutto rosso, vuol dire che il cuore pompa ancora molto bene; se il codino non dà segni di vita, vuol dire che sono morti.

– Sono certo che neppure il diavolo riuscirebbe ad annientarla – ha mormorato il mio compagno in un sussurro, guardando di sbieco la Pelini.

Dopo mezzo minuto, sono apparsi nel bel mezzo della classe due diavoli e, parlando in coro, hanno detto:

Finirete in una caverna
senza luce né lanterna.
Incontrerete i diavoli
mostri di mille colori
in questo luogo tetro
e pieno di orrori.
Tra fuoco, scintille
e tizzoni ardenti
vi balleranno i denti.

– Scommetto che siete due diavoli finti? – ha chiesto la maestra Pelini.

– No, siamo autentici – hanno risposto e, seguiti da una schiera di diavoletti, che spernacchiavano allegramente tra i banchi, sono scomparsi in una grande lingua di fuoco.

Tutti abbiamo notato che nei loro sguardi c'era qualcosa di strano e di indefinibile. La nostra insegnante, boccheggiando come una cernia, ha aperto il cassetto della cattedra e ha incominciato a masticare con feroce accanimento i pipistrelli di liquirizia.

Non c'era dubbio.

Io e Paolo, nel frattempo, ci siamo fatti la cacca addosso dalla paura e, reggendoci per prudenza il rigonfio posteriore, siamo schizzati in bagno con una spaventosa tremarella.

– È veramente incredibile – continuava a mormorare la maestra Pelini, ruminando come una mucca, mentre i miei amici sbiancavano tanto erano terrorizzati.

La mia compagna Daniela è rimasta un po' soprappensiero. Siccome stava a bocca spalancata, a un certo punto un moscone che le volava intorno è entrato a razzo in gola. Daniela lo ha risputato dal naso con un sonoro starnuto che ha fatto sobbalzare tutti.

– Diavolaccio cane! – ha esclamato.

E così, dopo mezzo minuto, è apparso un enorme diavolo con tanto di coda e cornini argentati sulla zucca pelata circondato da diavoli e diavoletti tutti muniti di forconi arroventati.

Tutti, producendo grugniti rabbiosi e schiumando lava incandescente, ci hanno punzecchiato come fossimo salsicce.

– Ho il cuore che mi batte a mille – ha mormorato Paolo.

– Sento che il mio non batte più, chissà forse sto morendo? – ho risposto.

E Paolo: – Se muori adesso, non vale! – mi ha detto strattonandomi.

– Io posso morire quando mi pare e piace – ho risposto, ribollendo di rabbia. Poi, mi sono rivolto ai diavoletti e gli ho detto che eravamo stufi dei loro giochini.

Allora, è intervenuto a bomba il grande diavolo:

– D'ora in poi ne vedrete delle belle, cari bambocci – ha esclamato e, aggrottando la fronte, è sparito con i suoi seguaci.

Siamo rimasti in silenzio e, increduli per quello che stava accadendo, ci siamo lanciati un'occhiata fugace: avevamo tutti certe facce trasfigurate dal terrore.

Mentre il mio corpo si irrigidiva, le mie amiche hanno lanciato un urlo e sarei di certo svenuto se Paolo non mi avesse agitato come un sacchetto di noccioline.

– Non fare il rammollito e datti una mossa – ed ha continuato a tremare come una foglia al vento.

Un lampo di eccitazione è apparso negli occhi di Paolo che, nonostante fosse diventato più bianco di me dalla paura, mi ha fatto capire con voce ferma di non perdere la bussola.

– I diavoletti mi fanno un baffo!

– Anzi due – ho risposto, ma poco convinto.

Per qualche attimo abbiamo sentito uno strano frusciare di foglie e un crepitare di rami secchi. Poi, nel giro di qualche secondo, è tornato il silenzio.

Intanto, la maestra Pelini aveva fatto fuori tutti i pipistrellini di liquirizia e, nel giro di pochi secondi, le sono spuntati un bel paio di cornini tra i capelli e una coda lunga lunga, mentre il neo cespuglioso si è notevolmente rinfoltito di nuovi e pungenti peli.

Eravamo più che mai terrorizzati.

La nostra insegnante, con una voce cupa e cavernosa, ha incominciato a parlare: – Si calcola che i demoni sono centinaia di migliaia, essi furono espulsi dal paradiso dal Creatore.

Alcuni di loro popolano l'inferno e si divertono a tormentare le anime, infilzandole con forconi ardenti o facendole arrostire lentamente come polli allo spiedo.

– Basta così – abbiamo urlato tutti, invece la nostra insegnante ha continuato:

– Molti diavoli popolano la Terra e il loro compito è quello di impossessarsi dell'anima dei più deboli, perché possano compiere il male in ogni occasione.

Sono invisibili e riescono a intrufolarsi nella mente, modificando i pensieri e fuorviando ogni buona azione. Se qualcuno li evoca, si presentano con immensa gioia – ha concluso la maestra Pelini, guardando con orrore la coda che, nel frattempo, le si era notevolmente allungata. Istintivamente, l'ha presa con le mani ed ha cercato di staccarsela, ma la coda le è rimasta saldamente attaccata.

Ho visto le pupille della maestra Pelini cambiare colore, e fissandole ho scoperto che emanavano fuoco e fiamme insieme.

Quando le abbiamo detto della faccenda dei cornini si è tastata la testa per verificare, l'abbiamo vista diventare blu mirtillo, mentre il suo neo cespuglioso saldamente legato alla guancia ha incominciato a sprizzare scintille.

Quella scena ci ha messo i brividi addosso e tutti ci siamo ritrovati con la pelle d'oca.

– Me la pagheranno – urlava, battendo i pugni sulla cattedra.

A nulla sono valse le nostre parole. Anche il suo cocco ha cercato di tranquillizzarla, ma la nostra maestra ha continuato a disperarsi e a strillare sempre più forte.

Capitolo sesto

– Tutto sommato, i diavoletti ci hanno fatto un bel regalo – ho esclamato, guardando la nostra insegnante muta come un pesce.

– Mi fa tanta pena – ha mormorato Daniela, non l'avesse mai detto.

La Pelini, ad un tratto, ha strillato: – Pipistrelli, computer!

– Scommetto che vuole ingozzarsi di pipistrelli e farci poi una lezione di informatica – ha precisato Federico.

Dopo aver pronunciato quelle parole, la nostra maestra è rimasta immobile con lo sguardo perso nel vuoto e con l'espressione di una sogliola bollita.

– Per risvegliarla sarebbe opportuno che ripetessimo le tabelline. Sicuramente verrebbe fuori dal letargo.

Così, la mia mente ha elaborato alcuni versi che avrebbero lasciato di stucco anche i poeti più affermati.

Li abbiamo recitati tutti insieme ad alta voce perché si risvegliasse in fretta dal profondo rimbambimento.

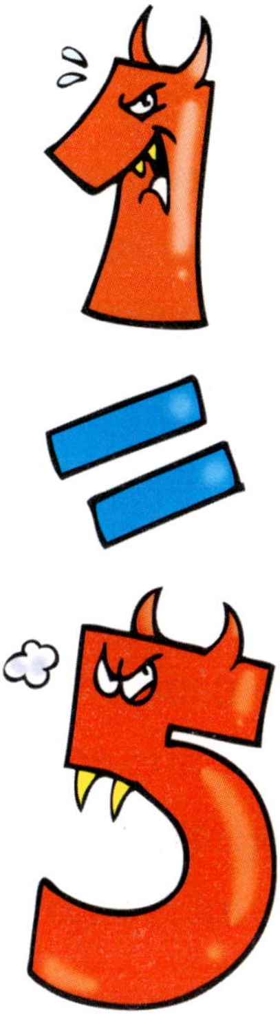

Sette per tre
non so dov'è,
otto per otto
cerca il cappotto.
Brutto maleducato
nove s'è congelato.
Dieci per quattro
dorme in salotto,
due per cinque
non trova il canotto.
Cacche, cacchine
sono le tabelline,
Pitagora è stato
la nostra rovina.

La Pelini non ha battuto ciglio, è rimasta immobile.

– Dobbiamo insistere – ho puntualizzato, sollecitando i miei compagni un po' sfiduciati.

Siccome la mia compagna Daniela ha una voce

graziosa come quella di un canarino, ho insistito perché la recitasse, mettendoci grinta e sentimento.

La maestra come per incanto si è risvegliata, ed è schizzata nell'aula di informatica. Noi l'abbiamo seguita e ci siamo accorti che, quando ha visto il computer, ha avuto un lieve mancamento, solo il suo neo cespuglioso ha dato segni di vita: di tanto in tanto, i peli, muovendosi appena, emanavano scintille azzurrognole; poi, irrigidendosi, sono diventati improvvisamente spinosi.

Inaspettatamente, la maestra ha gridato: – Computer! computer! – e noi, siamo stati catapultati da una forza invisibile in quell'aggeggio trovandoci, dopo un po', in un luogo buio.

– Vedo, vedo, cucù. – ha sibilato un diavolo nano con tanto di barba. – Sono Diavolini – ci ha detto, presentandosi e solleticandoci il naso con la punta della barba.

Un ronzio assordante, accompagnato da un vento molto violento, ci ha sorpresi.

Dopo un po', Diavolini è scomparso, ma sono apparse dal nulla le fiamme: lingue di fuoco serpeggiavano davanti ai nostri occhi e, muovendosi, sembrava che danzassero.

La nostra insegnante ha chiesto aiuto, ma, quando ha visto un enorme diavolo avanzare verso di lei, in preda al terrore, ha fatto scattare la mandibola e ha serrato la bocca di scatto.

In quel momento, ci siamo accorti che i cornini le si erano allungati ed erano diventati luminosi come lampadine.

– Dobbiamo innanzitutto calmarci e chiedere se ci lasciano tornare in classe – ho precisato balbettando.

– Mi dispiace – ha risposto una voce possente – ma non posso accontentarvi. Ci riuscirete solo se sconfiggerete con l'astuzia il grande capo dei diavoli: il terribile Orcospasma e i mostri dell'inferno.

Un'altra voce possente ha chiamato, una alla volta, i nostri nomi.

– È arrivata la nostra ora – ho gridato tra i singhiozzi.

In quel momento, ho detto addio ai miei genitori e me la sono fatta addosso. Non sono stato l'unico, però, ad avere i pantaloni bagnati.

La maestra, allora, ha perso completamente la pazienza. E, da come le si era arruffato il neo peloso, abbiamo capito che c'era poco da scherzare.

– Vieni allo scoperto, brutto diavolaccio, altrimenti guai a te! – ha gridato la Pelini con voce minacciosa.

In quel momento ho provato una paura indescrivibile, ho sentito il cervello in fiamme e, completamente rintronato, ho camminato a zig-zag finché non ho raggiunto Paolo.

– Fammi coraggio, dimmi almeno una parola di conforto, altrimenti posso impazzire – gli ho chiesto in tono supplichevole.

– Veramente anch'io me la sto facendo addosso e avrei tanto bisogno che qualcuno mi infondesse coraggio.

La maestra, intanto, fremeva e, sciabolando l'aria con la sua lunga coda, ripeteva ad alta voce: – Vieni fuori, brutto Orcopappa, sbrodolone che vai in giro col pannolone, ricorda che non te la faremo passare liscia.

In quel momento ho avuto la sensazione che qualcuno ci stesse guardando; infatti, non mi ero sbagliato.

Una nuvola di fumo si è dissolta ed è apparso Orcospasma.

Era fermo sul ciglio di un burrone, dal quale schizzavano lingue di fuoco, nubi rossastre e lava incandescente.

Io, nel frattempo, mi ero rannicchiato perché avevo paura di incrociare lo sguardo maligno del capo dei diavoli; avevo trattenuto il respiro per qualche secondo; poi, uno strano profumo di gelsomino mi è entrato nel naso e nella bocca.

– Non mi chiamo Orcopappa, ma Orcospasma – ha detto il diavolaccio, lucidandosi i cornini e impomatandosi di gel i capelli; poi, ha pronunciato con tono minaccioso alcune parole: – Orcospasma sono io, lo sa persino babbo mio.

– Chiamati pure come vuoi, me ne infischio di te e anche del tuo babbo, che ha avuto un gran coraggio a

metterti al mondo – ha ribadito la Pelini.

A quella provocazione, il capo dei diavoli ha lanciato un urlo bestiale che ci ha fatto accapponare la pelle e, battendosi ferocemente i pugni sul petto, ha urlato dicendoci che saremmo finiti come uccelletti in una grande padella arroventata, per rosolare lentamente tra le fiamme ed i tizzoni ardenti. Poi, schiumando spaventosamente, ha puntato contro di noi il suo forcone incandescente.

– E tu, invece, finirai nella gabbia del mio pappagallino – ha urlato a bomba la maestra, fissandolo con aria di sfida.

Morivamo tutti dalla paura.

Dalla fronte un rivolo di sudore mi è colato in un occhio; sentivo il cuore tamburellarmi in petto e il pomo di Adamo andare su e giù sempre più velocemente.

– Calma, Andrea – mi son detto, diventando più bianco di una zolletta di zucchero.

Gli occhi di Orcospasma sono diventati improvvisamente giganteschi e i globi oculari hanno incominciato a ruotare come due mappamondi, spruzzando spaventose scintille. I capelli, divenuti ormai incandescenti, sfrigolavano emanando una puzza obbrobriosa e insopportabile.

– Diavolo cane! – ha gridato quella pazza di Daniela, mordendosi subito dopo la lingua.

Non l'avesse mai detto.

Ad un tratto, la cenere rossastra si è sollevata da terra, formando minuscole onde e, inaspettatamente, è apparso un diavolo ballerino, che ha incominciato a sgambettare e, dopo essersi contorto come un verme, ha preso la maestra Pelini per un braccio ed insieme hanno incominciato a ballare una danza strana, spiritata.

– Soffro di vertigini, mi lasci per favore – chiedeva in tono supplichevole la Pelini, ma il diavolo ballerino, emettendo una risata stridula, l'ha strapazzata per benino tra urla e schiamazzi; poi, l'ha lasciata cadere. E la maestra, con le mani e le gambe incrocicchiate, è rimbalzata più volte come una palla.

Il ballerino, più che mai gasato, l'ha presa per la coda e l'ha fatta volteggiare tra le fiamme; e, mentre la nostra maestra lanciava urla selvagge, il capo dei diavoli si è tappato le orecchie per non rincretinire.

È stata una scena allucinante: dopo l'ennesima capriola, il diavolo ballerino si è ritrovato in mano la coda della maestra, mentre la poverina continuava a volteggiare tra le fiamme. Poi, è caduta come una pera cotta.

La Pelini ha incominciato a lagnarsi, miagolando

come un gatto a cui hanno staccato i baffi.

Quando si è ricomposta era davvero irriconoscibile: occhi appannati, capelli scompigliati, bocca ciondoloni.

Tutti noi siamo rimasti senza reagire: con il corpo e il cervello completamente bloccati. Abbiamo cercato di incoraggiarla, ma lei dapprima è rimasta in silenzio, poi ha incominciato ad urlare come una pazza furiosa.

Si è asciugata in fretta le lacrime ed ha soffocato un singhiozzo. Allora ho provato per la prima volta un po' di pena per la mia maestra.

– Non dobbiamo gettare la spugna – ci ha detto – facciamoci coraggio, dobbiamo continuare a lottare, altrimenti non ne usciremo vivi.

Dopo un po', l'abbiamo vista avanzare ad occhi chiusi verso il diavolo ballerino, che continuava a contorcersi e ballare, schioccando la lingua e muovendo la coda.

Il piccolo genio della matematica, quando ha visto la maestra Pelini allontanarsi come una sonnambula e dirigersi verso il mostro, è schizzato come una furia e, sbarrandole il passo, le ha detto di fermarsi, ma lei ha continuato a camminare, mulinando in aria il rosario come fosse un lazo da rodeo.

Il diavolo ballerino si è arrestato di botto poi, indietreggiando a piccoli passi, si è appoggiato alla parete infuocata.

Abbiamo sentito puzza di bruciato: la sua coda ha incominciato a sfrigolare e, sbattendo le palpebre, è scomparso a poco a poco, fino a raggiungere le proporzioni di un francobollo.

Io e i miei compagni e la nostra insegnante non eravamo mai stati così felici.

Molti di noi hanno guardato la maestra Pelini con ammirazione: – Sei stata più in gamba di Rambo – ha strillato il piccolo genio della matematica, asciugandosi due lacrime dall'emozione e volandole al collo.

Capitolo settimo

Intanto, il capo dei diavoli ci aspettava sul ciglio del burrone con l'intento di buttarci dentro.

Eravamo impauriti e tremavamo come foglie.

– Siamo spacciati – ho mormorato appena.

– Niente affatto – ha detto la maestra – ora il nostro diavolaccio ne vedrà delle belle. Ho saputo che continui ad essere uno zuccone ed anche un puzzone cosmico.

– Zuccone sì, ma puzzone no! – ha gridato il capo dei diavoli, cospargendosi di un profumo alla lavanda.

– Sappiamo con certezza che non hai mai familiarizzato con l'acqua e neppure col sapone, perciò sei un gran puzzone – ha puntualizzato coraggiosamente la maestra Pelini.

A quella provocazione io e i miei amici saremmo volentieri sprofondati sotto terra.

Orcospasma, allora, è uscito completamente fuori di testa e, gridando come un pazzo, si è scagliato contro la maestra Pelini. In quel momento, abbiamo sentito un rombo e la terra franarci sotto i piedi.

– Fra poco cadremo nelle gole infernali – ho balbettato.

Avevamo tutti le gambe tremanti, il cocco della maestra ha incominciato a piangere: – Non voglio fini-

re laggiù – ha detto, indicando un burrone infuocato.

La maestra l'ha sollevato e l'ha stretto forte a sé:

– Neanch'io voglio che tu finisca laggiù, non posso perdere il primo della classe. Chi mi risolverebbe correttamente i problemi? Chi eseguirebbe alla perfezione le divisioni? Chi mi direbbe a menadito le tabelline?

Nessuno di noi voleva che il cocco della maestra facesse quella brutta fine, altrimenti da chi avremmo potuto copiare i problemi e gli esercizi durante le verifiche?

Così, io e Paolo gli abbiamo impresso amorevolmente un nocchino sulla testa e le femminucce gli hanno fatto il solletico sotto le ascelle.

La maestra, allora, ha sfoderato coraggiosamente il suo orribile neo peloso mentre Orcospasma, diventando sempre più incandescente e sfrigolando come la griglia arroventata di un barbecue, l'ha guardata con i suoi occhi maligni: – Se hai coraggio, ripeti quello che hai detto, altrimenti infilzerò te e i tuoi scolaretti con questo forcone per arrostirvi e mangiarvi come salsicce – ed ha incominciato a ridere sguaiatamente.

– Finirai tu allo spiedo, mio caro Orcopappa – ha detto la maestra – e, se tocchi appena appena uno dei miei alunni, ti abbrustolirò anche la coda e i cornini. Siccome di coraggio ne ho da vendere, ti ripeto che sei un gran puzzone! – ha urlato, investendogli la faccia del suo terribile alitaccio di sardella ammuffita.

– Mi chiamo Orcospasma! Orcospasma! – ha gridato a squarciagola il capo dei diavoli e, calando il naso in un'ampolla di profumo alla lavanda e agitando il forcone, ha proferito parole minacciose che hanno fatto venire a tutti la pelle d'oca.

L'effetto di queste parole è stato incredibilmente devastante: la maestra Pelini si è portata una mano sulla guancia e ha incominciato a sbraitare. Lo sguardo assatanato della nostra maestra mandava scintille dietro le lenti spesse dei suoi occhiali.

– Brutto diavolaccio, rimangia quello che hai detto – ha esclamato, diventando sempre più rossa.

E, mentre i miei compagni sbiancavano dalla paura, ho raggranellato tutto il mio coraggio e ho inventato, tra il terrore e l'ansia, alcuni versi; poi, attirando su di me con una fragorosa pernacchia l'attenzione del diavolaccio, ho incominciato sparando alla grande:

Orcospasma è diventato improvvisamente taciturno; poi ha farfugliato alcune parole ed è ritornato più che mai inferocito alla carica: – Mocciosi, bambinetti, diventerete ben presto diavoletti – ha detto, sganasciandosi dal ridere.

Inaspettatamente, ha incominciato a soffiare sulle fiamme che sono diventate gigantesche.

Tutti noi abbiamo cacciato urla di terrore, che avrebbero messo in fuga un branco di leoni affamati.

Intanto, il capo dei diavoli si sganasciava dal ridere e continuava a soffiare come se stesse spegnendo le candeline accese, messe su una torta di compleanno.

Ho sentito un rivolo di sudore freddo corrermi lungo la schiena, seguito da brividi sempre più forti.

Eravamo immobili, rigidi come manichini, incapaci di riflettere e parlare; riuscivamo solo ad osservare quel diavolaccio di Orcospasma, che faceva volteggiare per aria il forcone incandescente per poi afferrarlo con la coda e puntarcelo contro: – Ben presto vi infilzerò come polli allo spiedo e vi cucinerò lentamente – ha strillato facendosi venire strane convulsioni.

E, poi, è accaduto un fatto che ci ha fatto sprofondare nell'angoscia più nera.

Ad un tratto, siamo stati investiti da una folata di vento che ci ha sfilato lentamente i vestiti; li abbiamo visti fluttuare a mezz'aria e, con un movimento rapido, attraversare le fiamme, senza bruciarsi.

"È giunto il momento degli addii" – mi sono detto, guardando i miei compagni di classe e la maestra; poi, pensando alla mamma e al babbo, sono scoppiato in lacrime.

Anche i miei compagni sono scoppiati a piangere; le lacrime zampillavano copiose dai loro occhi: qualcuno singhiozzava, altri tiravano spaventosamente su col naso.

– Non serve piangere. Gli faremo vedere i sorci verdi – ha detto la maestra Pelini. Poi, rivolgendosi ad Orcospasma gliene ha cantate di tutti colori e ha gridato fuori dai denti: – Diavolaccio dei miei stivali, sappiamo parecchie cose sul tuo conto – ha buttato a casaccio la nostra insegnante, imporporandosi tutta – hai una zucca vuota e per giunta pelata come una palla di biliardo. Per un attimo il diavolaccio è rimasto smarrito con le mani sulla testa, mentre i cornini e la coda mandavano strani bagliori. E, così, abbiamo scoperto che il grande capo dei diavoli portava il parrucchino; infatti, l'abbiamo visto spiccare il volo e volteggiare sotto i nostri occhi.

– Sappiamo pure che sei anche un gran ciucone e che a malapena riesci a contare fino a cinque – ha strillato il cocco della maestra, schizzando coraggio da tutti i pori e, imperlandosi di sudore, ha incominciato a gocciolare come un rubinetto guasto.

– Diremo a tutti che ti fai ogni cinque minuti la cacca addosso, così morirai per la vergogna – ha strillato infine Daniela.

Orcospasma ha proferito alcune strane parole e, dopo qualche secondo, ci siamo trovati con una bella coda sul didietro e un paio di cornini sulla testa.

Travolti dal terrore, siamo diventati improvvisamente bianchi. Il cocco della maestra è stato il primo a perdere il controllo di sé ed è uscito completamente fuori di testa. Ognuno di noi cercava di staccarsi la coda e i cornini, ma senza riuscirci.

All'improvviso mi è venuto un lampo di genio e sono esploso:

Orcospasma falla finita
perderai tutte le dita.
Staccaci i cornini
ed anche la coda
se no ti picchiamo
con una scopa.
Siamo certi che S. Filippo
ti farà lesso e fritto
perciò datti una mossa
perché l'hai fatta grossa.

Ad un tratto, sono apparsi tra le scintille tanti diavoletti, che si muovevano fluttuando tra le fiamme.

Orcospasma, invece, reggendosi il rigonfio posteriore che emanava un puzzo inequivocabile e sbiancando dalla vergogna, è scomparso in una nuvola di fumo nero.

– Giurate che non direte mai a nessuno di aver visto il famoso capo dei diavoletti farsela addosso – aveva gridato a sirene spiegate il famoso Orcospasma, mentre spariva.

Dopo un po' ci siamo ritrovati con i nostri vestiti addosso e senza coda né cornini.

– Non posso crederci – ha esclamato Paolo, mentre tutti i miei amici si scambiavano occhiate di stupore.

Capitolo ottavo

E, mentre i diavoletti hanno incominciato a ballare e a ridere, un fruscio sempre più persistente sembrava provenire da una profonda cavità: un'ombra si profilava alle nostre spalle.

– Sei anche tu un diavolo? – ha chiesto Paolo con voce tremante.

E l'essere misterioso ha risposto con una voce che sembrava scaturire dalle oscure profondità della terra: – Sì, un diavolo molto speciale – ha precisato, presentandosi con un paio di forbici gigantesche.

– Avete paura di me? – ha chiesto, diventando improvvisamente paonazzo.

Il diavolo, subito dopo, ci ha squadrato, sgranando a dismisura gli occhi.

– Sono il più bravo barbiere di questo luogo infernale – e, così dicendo, ha mosso un passo verso di noi, agitando il pericoloso arnese.

– Ma davvero? – ha esclamato la maestra Pelini, fingendosi stupita.

Appena ha incominciato ad armeggiare con il paio di forbici, il volto del diavolo barbiere ha mutato espressione. La testa gli si è allungata e ingrandita come un pallone che si gonfia, mentre gli occhietti

rossi e malvagi gli uscivano fuori dalle orbite grandi, sempre più grandi.

Abbiamo chiuso gli occhi; volevamo gridare, ma nessuno di noi ci è riuscito; volevamo correre, ma le gambe facevano fatica a reggerci.

Il cuore ha incominciato a battermi persino nelle orecchie.

– Finirete in quella pozza di gelatina laggiù – ha detto, solleticandosi la punta del naso – e poi…

– E poi? – abbiamo chiesto con voce tremante.

– Attraverserete labirinti di fiamme e chi riuscirà a sopravvivere ritornerà nella pozza dalla quale è partito e, come premio, si ritroverà con una capigliatura nuova: – una sforbiciata qua, una là, una più su, una più giù. E, se mi gira, gli lascerò solo un cespuglietto di capelli sulla zucca liscia come l'uovo – ha concluso il diavolo barbiere con una voce un po' roca.

– Guai se ci torce un solo capello. – ha esclamato la maestra Pelini – Nella pozza di gelatina ci finirà lui – ha poi aggiunto, per rassicurarci.

– Bisogna tendergli una trappola – ha sussurrato il cocco della maestra e, così, il piccolo genio della matematica si è messo a pensare finché gli ha preso fuoco il cervello.

– Che se ne potrebbe fare? – si domandava, intanto, il diavolo barbiere, attratto dalla capigliatura della nostra insegnante. La osservava, agitando il forbicione.

– Mi scusi, – è intervenuto a bomba il piccolo genio – lei non sembra affatto un barbiere.

– Una volta lo ero, ragazzi, una volta. – ha risposto il diavolo con un sospiro di nostalgia – Adesso sono in pensione, ma non completamente; mi piacerebbe sforbiciare un po' la vostra chioma, incominciando dalla tua – ha esclamato, rivolgendosi al piccolo cocco della maestra e puntandogli contro il terrificante oggetto tagliente.

Negli occhi del mio compagno ho letto confusione mista a lacrime.

Il piccolo genio della matematica ha incominciato a tremare dai capelli sino agli alluci; abbiamo persino sentito il rumore secco e legnoso delle sue ginocchia che sbattevano l'uno sull'altro come legnetti.

Il poverino era completamente sotto shock e faticava a respirare.

– Maledetti diavoli! – ho gridato con rabbia – Sarebbe stato meglio se foste stati tutti lecca-lecca all'arancia – e, con quel pensiero ridicolo, mi sono guardato intorno. Allora, è successo un fatto straordinario: il gigantesco forbicione è diventato un enorme lecca-lecca e il diavolo barbiere è rimasto a bocca aperta.

– Eppure, non ho mai sofferto di allucinazioni, ma solo di orecchioni – ci ha confessato tra lo sgomento e lo stupore.

– Dagli una leccatina – gli ha detto Paolo – e ti passerà per sempre la voglia di fare il barbiere.

Intanto, il piccolo genio della matematica si era ripreso dallo spavento, ma di tanto in tanto strizzava gli occhietti e scuoteva a scatti la testa.

Anche la maestra Pelini si era un po' calmata, ma di botto ha incominciato a grattarsi selvaggiamente il suo orribile neo cespuglioso e, mordendosi le labbra, snocciolava tra i denti parole incomprensibili.

Dopo un po', abbiamo scoperto il diavolo barbiere che ci guardava con gli occhi spalancati e pieni di terrore, e con la lingua saldamente incollata al gigantesco lecca-lecca.

– Ci rimarrai con la lingua incollata per molti anni – ho strillato, guardandolo dritto negli occhi.

Mi veniva da ridere, la scena era davvero buffa, ma in qualche modo sono riuscito a rimanere più serio di un pescetto bollito.

Ad un tratto, ho avuto una brillante idea. La voce mi è uscita alta e stridula.

Tutti i miei amici mi hanno guardato in un modo molto strano, come se non mi conoscessero affatto.

– Ora vediamo che cosa possiamo fare – ho detto, guardando il diavolo, che mi saettava con lo sguardo.

Lui continuava a fissarci e, per quanto si sforzasse, non era ancora riuscito a staccare la lingua dal lecca-lecca; grondava sudore e agitava nervosamente la coda, facendola tamburellare a ritmo serrato.

– La mia maestra te la saprà scollare – ho detto sorridendo.

In quel momento gli occhi della nostra insegnante si sono illuminati come lampadine.

– Proveremo a passarti sulla lingua vari tipi di liquidi – ha precisato la maestra e, così dicendo, ha frugato nelle tasche del suo vestito: – Brucerà un poco – ha detto, mostrandogli uno spray per le ascelle e una bottiglietta contenente un solvente per eliminare lo smalto dalle unghie.

– Sarà una miscela esplosiva – ha ribadito un mio amico e, mentendo spudoratamente, ha raccontato una storia incredibilmente buffa, ma che ha sortito sul diavolo un effetto sorprendente.

«Anni fa il capoufficio di mio padre rimase con la lingua incollata ad un ghiacciolo alla menta; i dipendenti, mossi a compassione, tirarono a turno, con tutte le forze, il ghiacciolo prima verso l'alto e poi verso il basso. Dopo vari tentativi riuscirono a staccarlo, ma con sommo stupore s'accorsero che c'era ancora la lingua incollata. Così il povero capoufficio è rimasto muto per tutta la vita».

Il diavolo ascoltava sgranando gli occhi e cacciando terrificanti ululati; poi, agitandosi come il mare in tempesta, ha incominciato a muovere le braccia e scalciare come un mulo.

Qualche minuto dopo si è dissolto, lasciando di sé la lunga coda e i cornini lucenti.

– Che fine avrà fatto? – ci siamo chiesti guardandoci; ognuno di noi, però, non riusciva a distogliere lo sguardo dalla coda e neppure dai cornini.

Siamo rimasti profondamente impressionati.

– Forse ce li ha lasciati per ricordo – ha esclamato un mio amico.

– Scommetto che incasseremmo una cifra, se li vendessimo a qualche studioso un po' svitato – ha ribadito un altro.

E, mentre ognuno diceva la sua, la coda ed i cornini sono stati trasportati via da un colpo di vento.

Abbiamo visto la coda volteggiare per alcuni minuti e i cornini schizzare con scoppi spaventosi e scintille multicolori.

È stato uno spettacolo micidiale, di quelli che ti lasciano secco per un paio di minuti.

– Urca che bomba! – ha strillato il mio amico Paolo.

I cornini sono esplosi come i botti di Capodanno.

E intanto continuavamo a guardare con stupore le scintille che si disperdevano, illuminando non poco quel luogo buio e deprimente.

Qualcosa di molle ha incominciato a lievitare e a sollevarsi dalla cenere; ciò che è emerso era un enorme testone; sembrava che fosse fatto di gelatina trasparente.

Al suo interno c'erano tante piccole sfere luminose, che giravano vorticosamente, che si scontravano e rimbalzavano come biglie: erano occhi infuocati di rabbia.

La massa di gelatina trasparente si è colorata all'improvviso di rosso e gli occhi si sono uniti in due grandi globi oculari; poi, è apparsa una bocca smisurata munita di denti taglienti.

Nel frattempo, sul capo erano apparsi tanti fila-

menti incandescenti e un bel paio di cornini.

Intanto, la massa informe continuava a delinearsi sotto i nostri occhi.

Pian pianino è apparso, in tutta la sua maestosità, un diavolo-mostro tremolante.

Inaspettatamente, abbiamo visto germogliare sul didietro una lunga coda a punto interrogativo.

Detto questo, il diavolo-mostro è esploso in uno sghignazzo esagerato: – Preparatevi alla fine! – ha urlato. Poi, tirando fuori la lingua, ha fatto una super pernacchia, spappolandosi in piccoli frantumi che sono schizzati come schegge e sono andati a spiaccicarsi, sfrigolando, sulle pareti infuocate.

Una visione da film dell'orrore.

Stavolta la vescica non mi ha retto: ho fatto una piscia normale, appena ho visto il mostro in tutto il suo obbrobrio, ed una lunghissima subito dopo.

Oltre all'intestino, anche la vescica era andata in tilt e, mentre pensavo alla mia triste condizione, riflettevo sul fatto che le creature infernali non erano tutte uguali, proprio come gli esseri umani: alcuni per esempio hanno la bocca di orata lessa e la testa a forma di zucca, a differenza di chi ce l'ha a forma di pera o banana.

Così ho pensato subito a zio sedano e, soprattutto, alla testa del nostro direttore, molto simile a quella di un grosso pomodoro.

Quel mostro gelatinoso ci aveva annebbiato in un sol colpo la vista e il cervello.

– Questi diavoli-mostri sono davvero imprevedibili – mi ripetevo, pensando che l'immonda creatura potesse nuovamente riapparire nella sua abominevole mostruosità.

Anche Paolo era agitato. E, appena ho incrociato il suo sguardo, mi ha fatto una smorfia di disgusto. Anche lui come me ne era rimasto profondamente impressionato.

Capitolo nono

Dopo pochi secondi, siamo piombati in una profonda oscurità. Qualcuno parlottava sottovoce.

– Smettila! – ho esclamato, convinto che fosse la mia compagna; invece, mi sono accorto che c'era un piccolo diavolo-mostro completamente verde come una lucertola con tanto di corna e di coda ad un palmo dal mio naso.

Era molto diverso dagli altri diavoli e faceva tanta paura.

Quando è stato scoperto dai miei compagni, è successo il finimondo.

Uno stridulo grido di orrore mi è sfuggito dalla gola. Prendendomi la testa tra le mani, ho guardato quello strano diavoletto.

Aveva una bocca enorme e una lingua lunga e gocciolante; i denti poi erano tanti e accavallati uno sull'altro. Aveva orecchie lunghe e cascanti, che agitava come bandierine al vento per captare ogni suono e ogni nostra parola.

Tutti abbiamo inevitabilmente urlato e il piccolo diavolo-mostro si è all'improvviso rimpicciolito, trasformandosi in un topo peloso.

– Un topo! Un topo! Che schifo! Che schifo! –

urlava a sirene spiegate la maestra Pelini, saltando di qua e di là, mentre il topo correva tra le nostre gambe seminando panico e sgomento.

Ad un tratto, abbiamo visto il cocco della maestra imporporarsi fino alla punta del naso.

– Porca miseria, mi si è attaccato alla gamba. Ammazzatelo, se no questo ammazzerà me – ha gridato fino a spezzarsi le corde vocali.

Il mio amico ha incominciato a darsi tremende manate sui pantaloni: – Mi ha piantato le unghie nei polpacci e sta salendo sempre più su – ha urlato.

Le mani del mio amico colpivano all'impazzata e, saltando come un epilettico, cercava di scrollarsi il topo dalla gamba.

– Il topastro continua a salire. – gridava – Mi si è infilato nelle mutande. Tiratelo fuori! Aiutatemi!

– Togliti i pantaloni – ha strillato la maestra Pelini – così lo prendo per la coda e gliela stacco.

Il mio amico continuava a strillare, mentre il mostro-topo se la spassava e squittiva divertito: – Se osi solo sfiorami la coda – ha urlato l'orribile animale rivolgendosi alla Pelini – ti farò uno scherzetto con i fiocchi, di quelli che lasciano il segno.

La maestra ha balbettato qualcosa, ma non è riuscita a riprendere subito fiato tanto era spaventata, mentre il mio amico continuava a disperarsi. Il poverino ha incominciato a gridare e a saltare come se fosse stato punto da cento chiodi e, subito dopo, l'abbiamo visto torcersi e dimenarsi in maniera straordinariamente bizzarra.

– Dove si è posizionato quel brutto mostro? – ho

chiesto al cocco della maestra, ma il mio amico non mi ha risposto perché era impegnato a disperarsi.

– Sono qui proprio sul cavallo dei pantaloni, dove inizia la chiusura lampo. Il posto è magnifico, comodo e caldo e non ho alcuna intenzione di uscire – ha esclamato il topastro.

– Esci subito! – ho strillato in maniera portentosa.

– Vienimi a prendere, se ne hai il coraggio – ha risposto il piccolo insolente, ridacchiando.

– Imbecille, togliti i pantaloni – ha strillato la maestra al suo cocco – altrimenti come facciamo ad acchiapparlo?

In quel momento, il topo si è mosso ed il mio amico ha provato una paura così forte che si è fatto la pipì addosso.

– È stata una mossa stramicidiale – ha esclamato Paolo, vedendo il piccolo mostro-topo che tossicchiava e correva, gocciolando come una spugna imbevuta d'acqua.

Allora, il piccolo genio della matematica si è lasciato andare in un pianto che ha commosso tutti e, mentre cercavamo di consolare il povero sventurato, un nuovo incubo si è presto abbattuto sulle nostre teste.

– Guardate lassù – ha esclamato Ferdinando, indicando un diavolo mostruoso; vola proprio come Batman – ha precisato.

– E sono anche molto più bravo di lui – ci ha confessato il diavolo-mostro atterrando. Poi, ha estratto dalla tasca la cosa più curiosa che avessimo mai visto. Era lunga all'incirca un metro, nera e ricoperta di protuberanze rugose a strisce rosse, che correvano per tutta la lunghezza. Ad un tratto, l'abbiamo vista trasformarsi sotto i nostri occhi e diventare incandescente.

– Non s'è mai vista una cosa del genere – mi ha detto Paolo con un filo di voce.

– Scommetto che è un super sigaro cubano – ho

risposto, osservandolo meglio.

E, mentre cercavamo di capire cosa fosse quella strana cosa, il diavolo-mostro si è presentato, dicendo che era il cuoco di quel luogo infernale e che si trovava lì per adescare alcuni di noi e metterli in pentola.

– Sarete ottimi stuzzichini per i miei clienti abituali – ha precisato, passandoci in rassegna.

Con aria di compiacimento ha osservato alcuni miei amici e, quando ha posato lo sguardo sulla maestra Pelini, ha cacciato un grido di gioia.

– Ti cucinerò a fuoco lento con pannocchie di frumento – ha detto il diavolo-mostro-cuoco e, avvicinandosi alla nostra maestra, ha incominciato a sgranocchiare con avidità quella strana cosa incandescente.

– Se le torci solo un capello, ti faremo la faccia ad ombrello – ha strillato il cocco della maestra.

– Fatti passare ogni stranezza, caro diavolo-mostro-cuoco, altrimenti finirai in quella padella con tua madre e tua sorella – ho urlato accigliandomi.

– Vi cucineremo con un po' di sedano, carota, aglio e cipolla e aggiungeremo un litro di colla. Vi ritroverete così attaccati, cotti a puntino e rosolati – ha concluso Daniela.

Il diavolo-mostro-cuoco ha emesso un grugnito sordo; poi, si è stretto nelle spalle, spalancando gli occhioni e, dopo un attimo di perplessità, è ritornato alla carica. Il suo colorito faceva contrasto col grembiulone bianco e il cappello da cuoco.

Il diavolo-mostro-cuoco è diventato improvvisamente verde dalla rabbia e di tanto in tanto ansimava lanciando lingue di fuoco dalla bocca e, guardando sempre più intensamente la povera maestra Pelini, è avanzato verso di lei per catturarla e portarla via con sé.

La maestra si è messa a correre, boccheggiando come un pesce, mentre veniva inseguita dal diabolico cuoco che è riuscito ad afferrarla e a trascinarla via per i capelli.

Lei scalciava e strillava come la sirena della polizia e, malgrado il suo attaccamento alla chioma, eravamo certi che avrebbe dato chissà cosa per ritrovarsi la testa lucida come una palla da biliardo, ma lontana da quel mostro affamato e furioso.

Eravamo tutti in preda ad una terribile angoscia e bisognava trovare il modo di salvarla.

Poi ho avuto una folgorazione.

– Che te ne fai di tutta quella ciccia avariata? Staccale il neo e fanne una frittata – ho urlato.

– Questo neo per giunta peloso sarà alquanto disgustoso. Preferisco la sua ciccia per farne tanta salsiccia – ha urlato il diabolico cuoco, sbavando a quintali.

– Ma quel neo così prelibato ha il sapore del cioccolato – ha precisato il cocco della maestra.

– E quelle mani tenere e grassocce che sapore hanno? – ha chiesto il diabolico cuoco, indicandole col forcone.

La maestra ha ritrovato il coraggio e si avvicinata al diavolo-mostro-cuoco chiedendogli di mettersi in ginocchio, di chiudere gli occhi, di aprire la bocca e di lasciare il forcone perché gli avrebbe fatto assaggiare le sue manine.

– Sono tenere o farò indigestione? – ha chiesto il diabolico cuoco.

– Assaggiale! – e, così dicendo, gli ha scaricato una salutare raffica di ceffoni – Sono appetitose, vero? – e giù altri più violenti da fargli sputare anche le tonsille.

– Basta, basta – implorava il diabolico cuoco ormai completamente rintronato.

La maestra non l'ha mollato neppure per un secondo e, guardandolo, ha avuto un moto di stizza, e così il suo neo peloso ha ripreso a fremerle come un ragno che si appresta a tessere la sua ragnatela.

Il cocco della maestra ha avuto un attacco di risa isteriche, mentre noi abbiamo cacciato degli strilli portentosi quando abbiamo visto la nostra insegnante avventarsi sulla coda del diavolo.

– Per favore, la coda no – implorava il diabolico cuoco, ma la maestra per tutta risposta ha scosso la testa ridacchiando; poi, è rimasta per qualche minuto assorta nei pensieri: pareva che le sue meningi fumassero come mozziconi di sigarette.

– Sono indecisa se annodarti la coda come fosse una cravatta o staccartela – ha esclamato la Pelini.

A quelle parole, quel povero diavolo di un cuoco è stato travolto dal terrore a tal punto che è schizzato in aria ed è crollato a terra di schianto: aveva gli occhi sbarrati e un sorriso gelido disegnato sulla faccia.

Il diavolo ci scrutava con fare maligno; poi, schiarendosi la voce, ha lanciato un'occhiata alla Pelini che, per nulla intimorita, gli ha fatto capire che era pronta a fargli il sederino rosso e gonfio come il faccione.

La maestra ha tirato fuori dalla borsetta il righello e ha sculacciato alla grande il diavolo-mostro-cuoco. Mentre la sua coda vibrava sempre di più, è intervenuto il piccolo genio della matematica: – Staccagliela! – ha urlato, mentre il diavolo si imperlava di sudore dallo spavento e si rimpiccioliva sino a diventare non più grande di un galletto.

Allora la maestra con un calcio eccezionale lo ha centrato in pieno, facendolo volare chissà dove.

La Pelini si è subito ricomposta, sistemandosi la cespugliosa chioma di capelli e, massaggiandosi il terribile neo peloso ormai simile ad un riccio spinoso di mare, ci ha detto che potevamo cantar vittoria e che il peggio era ormai passato.

– Dobbiamo trovare la strada giusta per uscire da questo luogo infernale – ha esclamato, guardando due lunghe gallerie disposte una alla nostra destra e

l'altra alla nostra sinistra.

– Quale sarà quella giusta? – ci siamo chiesti, scambiandoci un'occhiata fugace.

Dopo un'estenuante tiremmolla, ci siamo introdotti nel tunnel che ci sembrava meno buio.

– Ci sono due luci lassù, guardate – ha esclamato la mia compagna Daniela.

– Sembrano due lampade – hanno ribadito gli altri, rincuorandosi, ignari di un nuovo pericolo che stava per piombarci addosso.

Capitolo decimo

Dopo circa mezzo minuto, ci siamo ricreduti: non erano lampade, ma enormi occhi che appartenevano a un altro diavolo-mostro.

A differenza degli altri era, però, più grosso e più alto. Aveva uno zuccone pelato con qualche ciuffetto sparso qua e là ed un paio di cornini ben sviluppati. Il faccione era largo e grinzoso, il naso era lungo e pieno di enormi foruncoli rossi, gli occhi, immensi e spaventosi, erano incorniciati da folte sopracciglia nere simili a spazzole di saggina.

Lo strano diavolo-mostro aveva un paio di baffi ispidi e una lunga barbaccia nera come la pece, che gli arrivava fino alle ginocchia.

– E quest'altro diavolo da dove sbuca? – ha chiesto

la maestra Pelini indietreggiando.

– Sono il diavolo-mostro-ortolano – ci ha detto, mostrandoci la pala e il piccone.

– E, allora, vai nel tuo bell'orticello e piantaci un po' di mentuccia – ha detto Paolo.

– O un po' di basilico – ho puntualizzato io.

– Intanto, togliti di mezzo e lasciaci passare – ha precisato il cocco della maestra, sollevandosi sulla punta delle scarpe per apparire un po' più alto, visto che riesce a malapena a superare mezzo metro.

– Nessuno può dirmi quello che devo o non devo fare. – ha risposto il diavolo-mostro-ortolano, lisciandosi la barbona – Sono un tipo all'antica io, e chi non mi ubbidisce sarà piantato a testa in giù in quella lava incandescente – ha detto indicandocela.

– Lì ci finirai tu, caro ortolano dei miei stivali, ben piantato tra cavoli e zucchine – ha strillato la maestra Pelini, schizzando in avanti.

Anche in quel luogo infernale la nostra maestra continuava imperterrita a mietere vittime.

La barba del diavolo si è arricciata di colpo e, accartocciandosi come una foglia secca, è schizzata via sotto lo sguardo incredulo del diavolo, che ha mandato un urlo così bestiale che i cornini, piuttosto sviluppati, si sono improvvisamente ramificati.

È proprio vero che nella vita non si sa mai cosa ti può capitare: eravamo stati risucchiati dal computer e trascinati in questo luogo infernale da una forza invisibile.

Intanto il diavolo-mostro-ortolano aveva ripreso ad urlare e, puntualmente, dopo ogni esplosione verbale, perdeva un pezzo di sé: dopo la barba gli sono schizzati i ciuffetti di capelli e poi i baffi ed infine le sopracciglia.

L'ultimo urlo, una specie di grido muto, ha messo fine a quell'orribile spettacolo.

Intanto, la mia amica Daniela mi era saltata al collo, restando avvinghiata al sottoscritto come una cozza patella.

La mia compagna non piangeva, ma tremava in tutto il corpo come il vecchio generale Anselmo, amico di mio nonno che vibra sempre dalla testa ai piedi come un insetto per via della malattia.

E, mentre a Daniela il tremore diminuiva, a me aumentavano gli strizzoni addominali; speravo che la ragazzina si decidesse a staccarsi perché sentivo che di lì a poco avrei fatto una figura colossale, dando via libera ad uno dei miei terribili sfoghi intestinali.

Anche Paolo si contorceva come un verme, ma, a differenza del sottoscritto, aveva problemi alla vescica: gli bastava un semplice spavento per farsela addosso e, considerando il luogo terrificante nel quale eravamo capitati e l'atroce incontro, ho dedotto che il mio amico si era bagnato molte volte i pantaloni.

Finalmente Daniela si è staccata da me ed io ho potuto gestire meglio un attacco di diarrea che mi ha colto di sorpresa, spiazzandomi alla grande.

Nel frattempo, il diavolo-mostro-ortolano si era dato una calmata, ma continuava a fissarci come per dirci che prima o poi avremmo fatto compagnia ai suoi ortaggi.

Ad un tratto, ci siamo sentiti avvolgere da un caldo insopportabile: faticavamo a respirare e a muoverci.

– Datevi una mossa, rammolliti – ha intimato il diavolo indicandoci una zona buia in fondo al tunnel.

– Aspettatemi laggiù! – ha poi esclamato – Sarò da voi tra qualche secondo.

– Facciamoci venire un'idea, perché non ho proprio nessuna intenzione di diventare un ortaggio umano – ci ha detto in un sussurro la maestra Pelini.

La nostra maestra era grintosa come sempre e non si era lasciata affatto intimorire da quest'altro diavolo.

Finalmente, dopo qualche minuto di spiazzamento cerebrale, ho preso la parola: – Dobbiamo tendergli una trappola, perciò dobbiamo escogitare subito qualcosa.

E, così, infilandomi i pollici sotto le ascelle sudate, mi sono messo a pensare.

Nonostante mi facessi discretamente schifo, sono rimasto assorto in mille pensieri e in altrettanti interrogativi, finché sono stato scosso furiosamente da Paolo e dal cocco della maestra: – Guarda laggiù – mi hanno detto – quello non è un orto, ma un cimitero, e il diavolo-mostro non è affatto un ortolano, ma un becchino.

– Quello sbullonato ci vuol mettere a testa in giù nella fossa – ha esclamato un mio amico – e si è inventato la storia degli ortaggi per addolcirci la pillola – ha concluso, lanciandomi un'occhiata infuocata.

Dopo questa scoperta, una mia compagna ha mandato un urlo stratosferico: lo spavento che ci siamo presi è stato cosmico. Un mio amico completamente suonato ha incominciato a ridere: – Non poteva capitarci di peggio. Ehi... sto solo cercando di tirarvi su di morale. Sul serio – ed ha continuato a sparare un sacco di idiozie.

– Non sei affatto spiritoso, non capisci che non gradiamo le tue stupide battute? – ha esclamato il cocco della maestra, asciugandosi il sudore dalla fronte e piazzandosi meglio gli occhiali sul naso.

Ma quello sbullonato del mio amico ha incominciato a dare segni di squilibrio: – Voglio pensare alla mia fine cantando – e così ha incominciato a gridare a squarciagola:

Non mi va di morire
ma se ciò deve accadere
mangerò cinquanta pere.
Se il diavolaccio mi costringe
e mi mette nella fossa
prima di finirci dentro
gli faccio la faccia rossa,
e i cornini che ha sulla testa
li butto dalla finestra.
I denti glieli faccio ingoiare
e lo mando dritto in ospedale.

Il mio amico ha continuato a parlare in modo sempre più sconnesso: una pazzia furiosa si è impossessata del suo cervello.

– Se non lo calmiamo, perderà completamente i lumi della ragione e per tutta la vita parlerà a vanvera – ha detto uno dei miei amici, ma il piccolo folle cantautore aveva innescato l'ottava marcia, quella del delirio, e sparava alla grande balle grosse, che avrebbero messo in coma chiunque.

– Sarebbe un miracolo se chiudesse la bocca – ha esclamato Daniela, ma il mio amico ha continuato a sparare alla grande e allora ci siamo accorti che le sue parole sprigionavano un'energia magnetica dagli effetti straordinari.

Il mitico Sandrino, cioè il folle in questione, si è irrigidito: sembrava a dir poco la copia sputata di Pinocchio.

Il mio amico ha incominciato a parlare; ma, ad un tratto, la sua voce non era più la stessa: sembrava giungere alle nostre orecchie da una grande distanza o da qualche grande profonda caverna sotterranea.

Il fatto strano era che la lingua di Sandrino ha incominciato a vibrare debolmente, pertanto le parole gli sono venute fuori di sghimbescio e così, pur non volendo, si è messo a parlare una strana lingua e, mentre sparava a raffica parole incomprensibili, il finto diavolo-mostro-ortolano si è trasformato sotto i nostri occhi in un animale spaventoso a quattro zampe, con le corna, completamente fosforescente, compresa la coda.

Aveva gli occhi rossi e soffiava in maniera terrificante.

E, mentre Sandrino continuava a parlare in quel modo così strambo, l'orribile animale ha iniziato a scalciare lasciando cadere una boccettina che è venuta fuori da chissà dove. Non essendo tappata bene, il liquido si è rovesciato in parte per terra. Il malefico animale ha emesso un verso strano, agghiacciante, non appena quel liquido bianco e gelatinoso gli ha sfiorato gli unghioni.

– Per mille diavoli! – ha esclamato Sandrino con la sua voce di sempre e, vedendo lo strano animale scodinzolare e andargli incontro, ha urlato come un ossesso.

– Dobbiamo impossessarci della bottiglietta – ho balbettato in un sussurro rivolgendomi a Paolo, che stentava persino a reggersi in piedi tanto era terrorizzato; infatti, era intento a bagnarsi ancora una volta i pantaloni.

Anche la maestra Pelini ha avuto la mia stessa idea.

Per alcuni lunghissimi istanti nessuno di noi si è mosso; siamo rimasti fermi, con lo sguardo fisso sull'orribile animale, convinti che di lì a poco si sarebbe avventato su di noi per farci secchi.

– Non vi preoccupate – ha mormorato la Pelini – questo bellimbusto lo sistemo subito.

È successo tutto in un baleno. La scena è stata troppo fulminea perché potessimo intervenire.

Nonostante fosse buio pesto, la nostra insegnante aveva localizzato molto bene nella mente il punto dove si trovava la boccettina; l'ha afferrata e l'ha scagliata contro l'orribile animale, centrando la sua bocca, che in quel momento aveva aperto per mandarci giù come pasticche.

Fra sibili e guizzi di fiamme, lo abbiamo visto esplodere in mille pezzi e dissolversi come neve al sole.

La maestra ha sbattuto le palpebre più del solito e ci è parso di vedere l'ombra di un sorriso in fondo agli occhi.

Capitolo undicesimo

– L'abbiamo scampata per un pelo – ha esclamato la maestra – ora siamo certi che l'uscita è di là – ha detto, indicandoci l'altro tunnel.

Allora abbiamo fatto un chiasso bestiale, oramai eravamo certi che di lì a poco avremmo trovato la via d'uscita.

– Su, sbrighiamoci – ha detto il cocco della maestra, standole vicino.

Arrivando in fondo al tunnel, abbiamo udito alcune voci che dicevano pressappoco così:

– Una parte di roba gialla.

– Due parti di roba blu.

– Cinque di roba rossa.

– Mescolare bene energicamente.

Allora, ci siamo resi conto che all'uscita del tunnel c'era una stanza, nella quale tre diavoli stavano preparando una pozione. Il più piccolo somigliava tanto al nostro direttore: aveva la stessa faccia e lo stesso naso storto.

Dopo quella scoperta, ci siamo guardati: ci sentivamo smarriti e confusi.

– È davvero arrivata la nostra fine. – ho sillabato appena – Ora sì che possiamo dire addio al mondo.

– Di sicuro staranno progettando qualcosa di tremendo – ha mormorato un mio amico.

– Con questa pozione incolore trasformeremo in diavoletti tutti i bambini di questa scuola – ha confermato uno dei tre, mescolando lentamente il liquido, che ha incominciato ben presto a gorgogliare.

I tre di tanto intanto battevano a terra il piede caprino o si passavano nervosamente la mano tra i capelli, tastandosi nervosamente i cornini.

– Questo liquido non solo è squisito, ma sarà anche di un'efficacia mondiale – ripeteva uno dei tre diavoli, assaggiandone un po'.

– Se è così buono come tu dici, lo faremo bere anche agli insegnanti e ai bidelli – ha puntualizzato l'altro.

– Saremo i padroni della scuola e potremo rinvigorire le nostre schiere di insegnanti. Un po' di istruzione non guasta, visto che ci sono certi diavoli che non sanno ancora leggere – ha concluso l'ultimo.

Poi hanno fatto silenzio.

Siamo rimasti di sasso col respiro mozzato e col cuore che ci batteva forte in petto a ritmo folle.

E, mentre eravamo a pochi passi dai tre malfattori, abbiamo riconosciuto la voce del bidello e del direttore.

– I ragazzi di quinta sono nel laboratorio di scienze con l'insegnante Pelini.

– Bene, bene – ha risposto il nostro direttore, salutando il bravo Anselmo.

Abbiamo tutti provato un'emozione indescrivibile: eravamo poco distanti dalla nostra scuola, ma non sapevamo dove.

Stavamo sul punto di scoppiare in lacrime, ma ci è bastato incrociare lo sguardo severo della nostra insegnante per riuscire a trattenerle.

– Dobbiamo impossessarci di quel liquido, altrimenti siamo spacciati.

Nel frattempo, i tre diavoli hanno versato il liquido in una bottiglia.

A poco a poco si è diffuso nella stanza un fumo con un puzzo sinistro; adesso la bottiglia era piena di un liquido vischioso e violaceo, non molto dissimile dal succo di ribes.

– Credo che abbiamo preparato una bomba. – ha detto uno dei tre diavoli con aria trionfante – Questo intruglio darà ben presto i suoi frutti – ha concluso e, stringendo a sé la bottiglia, è scomparso con i suoi amici tra lingue di fuoco.

Facendoci coraggio, siamo entrati nella stanza: era vuota, ma nel volgere di pochi minuti si è riempita di fumo.

– Da qualche parte ci deve essere un'uscita – ripeteva sommessamente la nostra insegnante, guardandosi intorno.

All'improvviso, sono apparsi cinque diavoletti in lacrime; subito abbiamo pensato che dovevano essere stati bambini prima di cadere nelle grinfie dei diavoli.

Nel vederli, molti di noi sono rimasti immobili come quadri attaccati alla parete e non sono riusciti a muoversi né a parlare. Mi sono sforzato di mettere insieme qualche sillaba e di pronunciare qualche parola di conforto per i piccoli diavoletti, che continuavano disperatamente a singhiozzare, ma inutilmente. Per un attimo ho avuto la sensazione di avere al posto della lingua un pezzo di legno inumidito.

– Ci hanno mentito e con l'inganno ci hanno fatto bere un po' di quel liquido, spacciandolo per una bevanda, e così ci siamo trasformati in diavoletti – e hanno ripreso a disperarsi.

– E tutto è avvenuto a scuola durante l'intervallo – ha spiegato un altro, asciugandosi le lacrime con la coda.

Allora, non ho capito più niente e sono esploso alla grande, sorprendendo e spaventando tutti: – Uscite fuori, diavoli della malora, è scoccata la vostra ora; pregate e mettetevi in ginocchio, altrimenti vi pesto un occhio.

– Smettila, ti sei bevuto il cervello? – ha esclamato Daniela strattonandomi.

– Se ti sentono siamo fritti – mi ha detto Paolo, incenerendomi con lo sguardo.

– Fritti o lessi dobbiamo fermarli prima che possano fare ancora del male.

E, così, ho continuato a sbraitare fino a consumarmi le corde vocali.

Venite avanti diavoli impertinenti
così vi faccio schizzare i denti.
Avete paura di quattro bambini
allora siete fifoni e cretini.

Infine, Paolo, per darmi man forte con i pantaloni gocciolanti di pipì, ha rincarato la dose e, facendosi coraggio, ha strillato forte.

State facendo una figura di cacca
grande quanto quella di una vacca.
Siamo sicuri che avete il coraggio
di un piccolissimo scarafaggio.

A quella provocazione, i tre diavoli si sono presentati facendo un rumore infernale e, sprigionando fiamme e scintille, si sono piazzati nel bel mezzo della stanza.

– Brindiamo alla vostra salute – hanno esclamato, agitando la bottiglia che conteneva la pozione.

Il tappo è schizzato in aria come un siluro, emettendo un suono simile a quello dell'aria che esce da un pneumatico forato.

– Tutto a posto! – ha esclamato uno dei tre diavoli, rivolgendosi agli altri due, che erano rimasti perplessi e continuavano a sbattere le ciglia.

– Tutto a posto? – ha chiesto poi il diavolo, rivolgendosi ai suoi amici.

E quelli hanno continuato a fare sì e no e no e sì con la testa fino a farsela scollare.

– Secondo te, i miei amici avranno capito? – ha fatto il diavolo, misurandomi con lo sguardo.

– No! – ho ammesso con un risolino.

E, nello smarrimento totale, il diavolo ha fatto cadere la bottiglia di mano.

Allora è successo un fatto inaspettato: dopo il tonfo spaventoso, si è aperta una porta e nello stesso momento una botola.

– Vi porteremo laggiù e rimarrete per sempre tra le

fiamme – hanno gridato i tre diavoli, urlando come venditori ambulanti.

– Laggiù ci resterai tu in eterno insieme con i tuoi amici – gli ho risposto.

Allora i tre diavoli, andando su tutte le furie, ci hanno scagliato lingue di fuoco che stranamente si dissolvevano in pennacchi di fumo.

Capitolo dodicesimo

– Aspettate un momento, dove credete di andare? – hanno strillato i tre diavoli, agitando le code e i forconi.

Le loro enormi narici hanno incominciato a palpitare come le branchie di un pesce.

– È peggio che stare in una fogna – ha esclamato Daniela, tappandosi il naso.

– Colpa dei diavoli e del loro nauseabondo fetore – ho risposto.

I capelli, allora, mi si sono rizzati come gli aculei di un porcospino e ho incominciato a sudare freddo.

Era ormai chiaro che i puzzoni in questione, oltre ai diavoli, eravamo io e il mio amico Paolo: "Un cacone + un piscione fanno una coppia d'eccezione; se poi ci aggiungi il fetore di tre diavoli zozzoni, si tocca l'apice delle emozioni" mi sono detto, arrossendo un po' per la vergogna.

I diavoli, nel frattempo, si sono rincantucciati in un angolo della stanza e fremevano di rabbia per non essere riusciti nel loro intento.

– Ricordatevi che verremo a trovarvi e, pur contro voglia, diventerete diavoletti tra i banchi di scuola – ha urlato il primo diavolo.

– E anche tu, maestra col neo peloso, sarai trasformata in una diavolessa – ha precisato l'altro, puntandole addosso il suo forcone arroventato.

– Togliti dalla mente questa fissazione e per il momento prendi questo ceffone – e, così dicendo, la Pelini si è avvicinata al diavolo e gliene ha mollato uno così sonoro da fargli la guancia rossa come la mela che la strega regalò a Biancaneve.

Il terzo diavolo è rimasto in silenzio; ha guardato di sottecchi la Pelini ed ha fatto qualche passo indietro per evitare qualche mossa a sorpresa da parte della nostra maestra.

Inaspettatamente, si è sollevato un forte vento e i tre diavoli sono stati imprigionati in un vortice e sono sprofondati attraverso la botola nelle gole infuocate dell'inferno, ma, prima di finirci dentro, uno dei tre è riuscito ad afferrarmi per un braccio.

– A presto, brutto marmocchio della malora – ha ruggito, avvicinando la sua faccia alla mia.

Allora ho visto i suoi occhi fissare sinistri le mie pupille, quasi volessero risucchiarle.

Ho provavo un orrore bestiale che mi ha paralizzato completamente: non riuscivo a pensare né a parlare, mi sono sentito completamente bloccato ed ho provato una strana sensazione, come se il mio corpo appartenesse ad un altro.

– Mi ubbidirai come fanno quei cinque diavoletti – ha urlato indicandomeli, ma, proprio in quel momento, la creatura infernale è stata folgorata da un'apparizione: mi aveva appena indicato cinque bambini sorridenti pronti alla fuga.

Intanto, le forze mi stavano lentamente abbandonando e la mia capacità di reagire si stava affievolendo. Così, mi sono ricordato del mio angelo custode e l'ho invocato a gran voce, strabiliando tutti quanti. E, con una mezza preghiera in rima, ho messo fuori gioco anche il diavolo.

Angioletto, dolce e caro
vieni subito, ti prego,
in questo luogo infernale,
dove regna solo il male.
Angioletto, dolce e puro,
ti prego e ti scongiuro,
scendi subito, corri presto
e al diavolo in questione
dagli subito una lezione.
Questo diavolo prepotente
mi tiene in ostaggio,
presto, infondimi coraggio
tu che sei buono e saggio.

– Chi stai chiamando? – ha urlato il diavolo, facendosi venire strane convulsioni.

– Il mio angioletto! – ho urlato anch'io.

La mia preghiera stava funzionando.

In tutta franchezza, l'angioletto non si è fatto vivo, ma il diavolo è precipitato con un tonfo spaventoso nelle gole dell'inferno, sollevando schizzi di lava incandescente.

Subito dopo abbiamo superato la porta e siamo stati trasportati da una forte corrente d'aria. Ci siamo ritrovati, così, nell'aula di scienze: il computer non c'era più, ma ad attenderci c'era Carino più simpatico che mai.

La maestra, camminando sui tacchi a spillo come una gallina semi-ingessata, ha raggiunto le sue colleghe.

Sembrava che non avesse nessun altro pensiero se non quello di mettere in scena la maledetta fiaba di Cenerentola.

Intanto, mi sono accorto che dalla tasca dei pantaloni pendeva un pezzo di coda. Quando l'ho mostrata al mio amico e gli ho chiesto a bruciapelo a chi appartenesse, lui mi ha risposto: – Forse a un gatto distratto.

Dopo un po', uscendo in cortile, mi sono reso conto che tutti avevano dimenticato quella terribile avventura. Daniela sorrideva e chiacchierava con le sue compagne, Paolo e Federico scartavano e divoravano merendine.

– Orcospasma! Questo nome vi dice niente? – ho chiesto a tutti i compagni della mia classe.

E quelli mi hanno lanciato un'occhiata glaciale: avevano dimenticato proprio tutto.

– Sei strano, ti è successo qualcosa?

Non ho risposto. E tutti, guardandosi, hanno sibilato a denti stretti che ero ormai uscito fuori di testa e che mi ero bevuto completamente il cervello.

– Vacci piano, amico – mi ha detto Paolo – gli strizzoni addominali ti hanno provocato una tragica dissenteria cerebrale.

– Forse vedi troppi film dell'orrore e di questo passo finirai dai dottori che guardano nel cervello della gente – mi ha detto Daniela.

– E come fanno a ficcarci il naso?

E Daniela mi ha detto che mi avrebbero fatto prima parlare; poi, mi avrebbero messo in testa tanti bigodini colorati collegati attraverso fili elettrici ad un monitor; i bigodini mi avrebbero risucchiato i pensieri, compresi quelli più profondi, e li avrebbero trasmessi in codice sul monitor; i dottori li avrebbero letti e, poi, avrebbero detto ai miei genitori di avere un figlio da manicomio.

In quel momento ho pensato alla mamma che si portava le mani ai capelli, al papà che, vaneggiando, si strappava i baffetti, mentre i dottori tracannavano ciascuno una bottiglia di rhum per riaversi dallo shock.

Sono arrivato a casa che sembravo uno straccio strapazzato.

– Brutta giornata? – mi ha chiesto la mamma.

– Giornata nera – le ho risposto freddamente, rintanandomi in camera mia.

Ad un tratto, la stanza si è fatta improvvisamente buia, nonostante il sole picchiasse ancora forte sui vetri.

Ho visto le persiane scorrevoli scendere lentamente come se obbedissero a un misterioso comando.

– Orcospasma, sei tu? – ho chiesto con un filo di voce.

– Siamo noi. – hanno esclamato zia Clara e zio sedano, consegnandomi un pacco – Contiene una sorpresa per te – ed hanno sorriso con un bagliore insolito nello sguardo.

Quando l'ho scartato, sono rimasto paralizzato: era nientemeno che un orribile diavolo-salvadanaio di terracotta, con tanto di coda e di cornini, a cavalcioni su di un forcone.

"Se ad una disavventura appena vissuta ne aggiungo un'altra che potrebbe rivelarsi ancor più disastrosa, ottengo una sfigata cosmica" – ho pensato e, facendo gli scongiuri, ho lasciato cadere il salvadanaio, che è andato in frantumi sotto lo sguardo incredulo dei miei cari.

Diavoletti tra i banchi di scuola

Giochiamo con le storie

A cura di Rosa Dattolico

Scrittore anch'io

Che cosa succederebbe se incontrassi per il corridoio della tua scuola un buffo e simpatico diavoletto? Immagina e scrivi.

....

....

....

....

....

....

....

....

....

....

....

....

....

....

....

....

....

....

....

Divertiamoci con le paure.

Aiuta la maestra Pelini e i suoi alunni a trovare la strada per uscire dal labirinto della paura.

USCITA

Scopri il tuo coraggio.

Come reagisci se:

- vedi un cagnaccio nero che ti sbarra il passo?

....
....
....
....
....
....
....
....
....

- sei solo in casa e va via la luce?

....
....
....
....
....
....
....
....
....

- fai un brutto sogno?

....

....

....

....

....

....

....

....

....

Conosciamoli meglio...

I personaggi della storia si sono imbattuti in alcuni diavoli. Descrivi, per ciascuno, gli hobby preferiti.

Un diavoletto combinaguai

Disegna il terzo diavolo, descrivilo brevemente mettendo in luce alcuni tratti del suo carattere.

Un diavoletto combinaguai

Che cosa sarebbe successo se Andrea avesse tenuto con sé il salvadanaio? Immagina e racconta.

....

....

....

....

....

....

....

....

....

....

....

....

....

....

....

Gli Inafferrabili

- Detectives a Villafiorita
- L'albergo dei mostri
- Diavoletti tra i banchi di scuola
- Gigi puzzino, detective sopraffino
- Vladimiro… un vampiro in cerca d'amore